Gerhard Armbruster

Rechnen – Schritt für Schritt 2
(Neubearbeitung)

Arbeitsheft

Gerhard Armbruster

Rechnen – Schritt für Schritt 2
(Neubearbeitung)

Arbeitsheft

www.bildungsverlag1.de

Unter dem Dach des Bildungsverlages EINS sind die Verlage Gehlen, Kieser, Stam, Dähmlow, Dümmler, Wolf, Dürr + Kessler, Konkordia und Fortis zusammengeführt.

Bildungsverlag EINS
Sieglarer Str. 2, 53842 Troisdorf

ISBN 978-3-8181-0822-9

© Copyright 2004*: Bildungsverlag EINS GmbH, Troisdorf
Das Werk und seine Teile sind urheberrechtlich geschützt. Jede Nutzung in anderen als den gesetzlich zugelassenen Fällen bedarf der vorherigen schriftlichen Einwilligung des Verlages.
Hinweis zu § 52a UrhG: Weder das Werk noch seine Teile dürfen ohne eine solche Einwilligung eingescannt und in ein Netzwerk eingestellt werden. Dies gilt auch für Intranets von Schulen und sonstigen Bildungseinrichtungen.

Wir können 7 Dinge erkennen und malen.

1 Male in jeden Beutel 7 Bälle.

2 Male auf jeden Block 7 Striche.

Wir können die Ziffer 7 schreiben.

3

7	7	7	7	7	7	7	7	7

Wir können 7 Dinge einkreisen.

4 Male stets 7 Bälle aus und kreise sie ein. Schreibe die 7 dazu.

Wir können den Mengen von 1 bis 7 die richtigen Ziffern zuordnen.

1 Zähle die Dinge. Schreibe die richtige Ziffer darunter.

7				

2

Wir können zu den Ziffern 1 bis 7 die richtigen Mengen malen.

3 Die Ziffern sagen dir, wie viele Dinge du malen sollst.

7	6	7	2	5
3	4	5	6	7
5	7	6	4	7

zu Buchseite 4

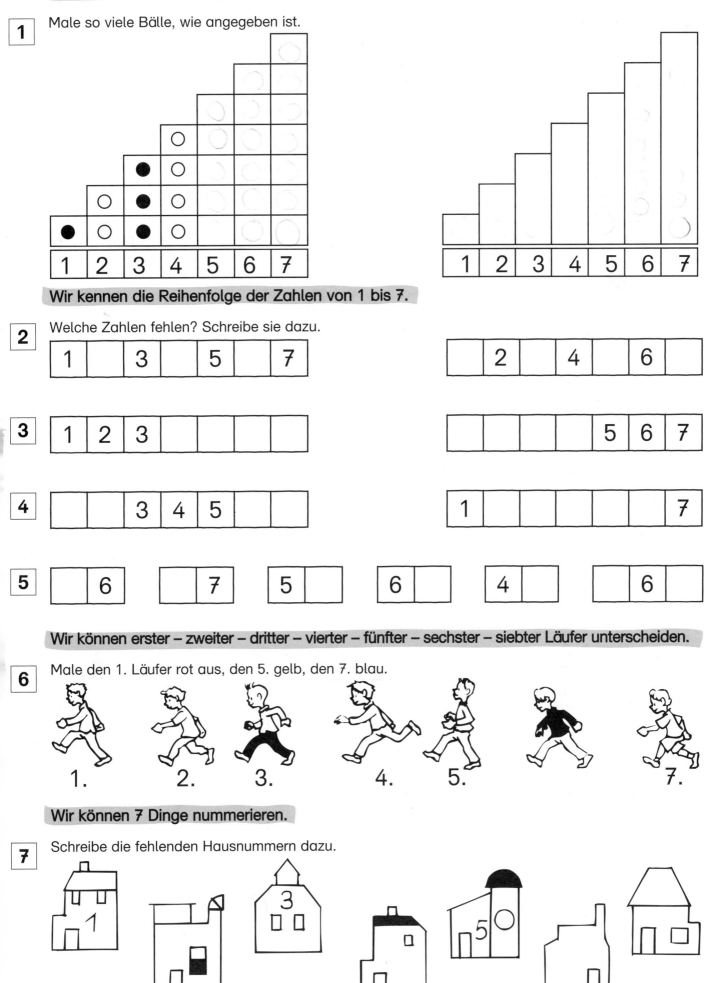

Wir wissen, dass 3 weiße und 4 schwarze Bälle zusammen 7 sind.

1 In jedem Beutel sollen 7 Bälle sein, 3 weiße und 4 schwarze.
Kreise richtig ein. Schreibe stets eine 7 dazu.

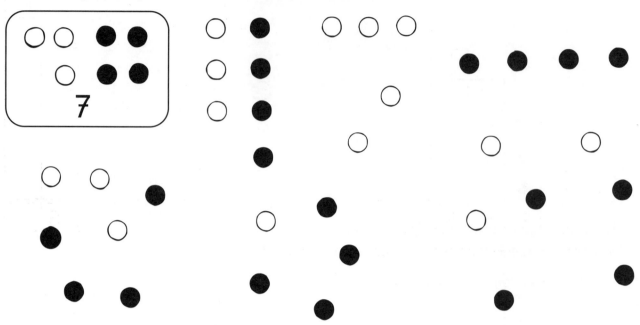

Wir wissen, dass 4 weiße und 3 schwarze Dreiecke zusammen 7 sind.

2 In jedem Beutel sollen 7 Dreiecke sein, 4 weiße und 3 schwarze.
Kreise richtig ein und schreibe stets eine 7 dazu.

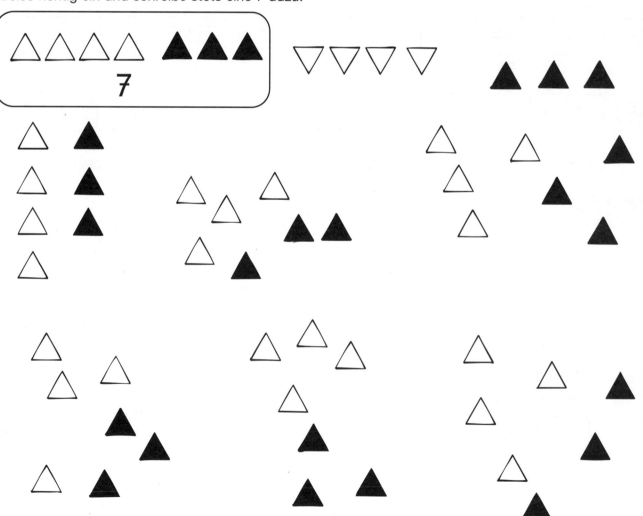

zu Buchseite 5

Wir wissen, dass 2 schwarze und 5 weiße Plättchen zusammen 7 sind.

1 In jedem Beutel sollen 7 Plättchen sein, 2 schwarze und 5 weiße.
Kreise richtig ein. Schreibe stets eine 7 dazu.

Wir wissen, dass ein schwarzes und 6 weiße Plättchen zusammen 7 sind.

2 In jedem Beutel sollen 7 Plättchen sein, ein schwarzes und 6 weiße.
Kreise richtig ein. Schreibe stets eine 7 dazu.

zu Buchseite 5

Wir können Plusaufgaben bis 7 lösen.

1 Male die Plättchen gelb und blau aus. Schreibe dazu, wie viele es sind.

6 + 1 = ☐	2 + 3 = ☐	5 + 2 = ☐	1 + 6 = ☐

2

1 + 5 = ☐	4 + 3 = ☐	2 + 5 = ☐	3 + 4 = ☐

3 Schreibe die richtigen Plusaufgaben darunter.

Wir können Minusaufgaben bis 7 lösen.

4 Streiche so viele Plättchen weg, wie angegeben ist.
Trage ein, wie viele übrig bleiben.

7 − 1 = ☐	7 − 2 = ☐	7 − 3 = ☐	7 − 4 = ☐

5

7 − 5 = ☐	7 − 6 = ☐	7 − 5 = ☐	7 − 7 = ☐

6 Schreibe die richtigen Minusaufgaben darunter.

zu den Buchseiten 5 / 6

Wir können die Menge 7 zerlegen.

1 Male 3 Bälle rot aus, 4 blau. Ziehe dann einen Zerlegstrich.

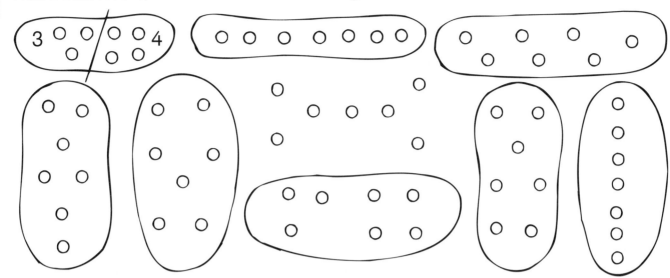

2 Helga erhält 2 gelbe Würfel, Rudi 5 schwarze.

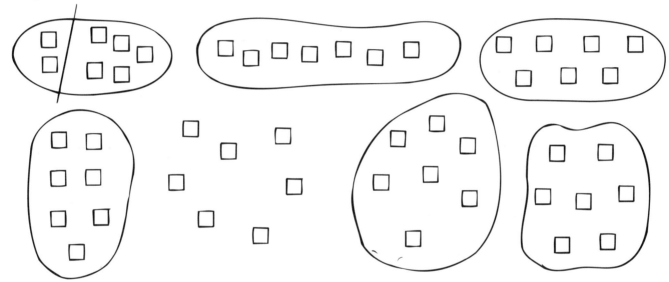

3 Udo erhält ein grünes Plättchen, Erika 6 blaue.

Wir können Zerlegaufgaben bis 7 lösen.

1 Verteile die Bälle genauso in die leeren Felder. Schreibe die Aufgaben darunter.

7 = 6 + ☐

2
7 = 5 + ☐

3
7 = 4 + ☐

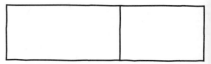

4
7 = 3 + ☐

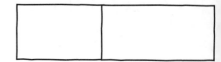

5
7 = 2 + ☐

6
7 = 1 + ☐

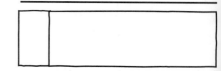

7 Verteile die Bonbons so, dass der linke Junge 2 erhält. Schreibe die richtige Zerlegaufgabe dazu.

7 = 2 + ☐

8 4 Erdbeeren sollen auf einem Teller sein, die übrigen auf einem anderen. Schreibe die richtige Zerlegaufgabe dazu.

7 = 4 + ☐

Wir können Mengen auf 7 ergänzen.

1 In jeder Schachtel sollen 7 Bälle sein. Wie viele fehlen? Male sie dazu.

2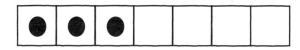

3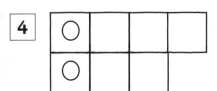

4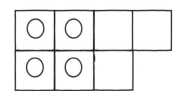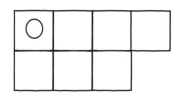

5 Jedes Lastauto soll mit 7 Kisten beladen werden. Wie viele sind schon oben? Wie viele fehlen noch? Male sie dazu.

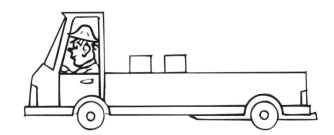 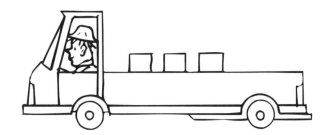

Wir können Ergänzungsaufgaben bis 7 lösen.

In jeder Schachtel sollen 7 Bausteine sein. Wie viele sind schon vorhanden?
Wie viele fehlen noch? Male sie dazu.
Trage in jede Rechnung ein, wie viele gefehlt haben.

□ □ □	○ ○ ○ ○ ○ ○	△ △ △ △	◖ ◖
3 + □ = 7	6 + □ = 7	4 + □ = 7	2 + □ = 7
■ ■ ■ ■ ■	●	▲ ▲ ▲	◖ ◖ ◖ ◖ ◖
5 + □ = 7	1 + □ = 7	3 + □ = 7	6 + □ = 7

Wir können 8 Dinge erkennen und malen.

1 Male in jeden Korb 8 Äpfel.

2 Male auf jeden Block 8 Striche.

Wir können die Ziffer 8 schreiben.

3

Wir können 8 Dinge einkreisen.

4 Male stets 8 Bälle aus. Kreise sie ein. Schreibe die 8 dazu.

8

12   zu Buchseite

Wir können den Mengen 1 bis 8 die richtigen Ziffern zuordnen.

1 Zähle die Dinge. Schreibe die richtigen Ziffern darunter.

2

Wir können zu den Ziffern 1 bis 8 die richtigen Mengen malen.

3 Die Ziffern sagen dir, wie viele Dinge du malen sollst.

8	7	8	6

4

5	6	7	8

5

8	4	8	5

zu Buchseite 9

Wir kennen die Reihenfolge der Mengen von 1 bis 8.

1 Male so viele Bälle, wie unten angegeben ist.

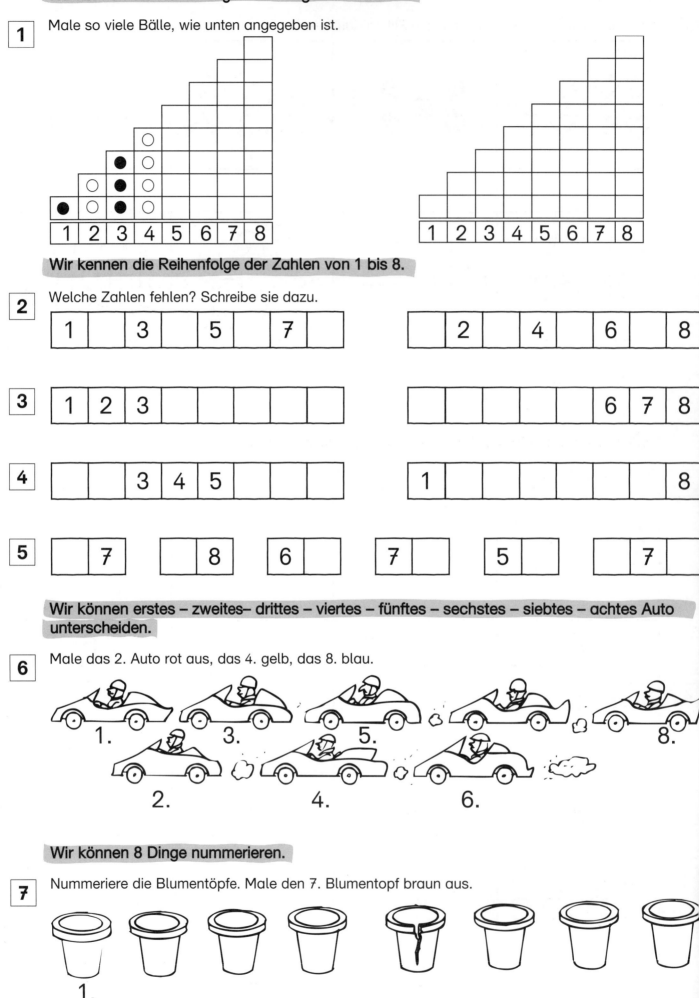

Wir kennen die Reihenfolge der Zahlen von 1 bis 8.

2 Welche Zahlen fehlen? Schreibe sie dazu.

| 1 | | 3 | | 5 | | 7 | |

| | 2 | | 4 | | 6 | | 8 |

3

| 1 | 2 | 3 | | | | | |

| | | | | | 6 | 7 | 8 |

4

| | | 3 | 4 | 5 | | | |

| 1 | | | | | | | 8 |

5

| | 7 | | | 8 | | 6 | | 7 | | | 5 | | | 7 |

Wir können erstes – zweites – drittes – viertes – fünftes – sechstes – siebtes – achtes Auto unterscheiden.

6 Male das 2. Auto rot aus, das 4. gelb, das 8. blau.

1. 3. 5. 8.
2. 4. 6.

Wir können 8 Dinge nummerieren.

7 Nummeriere die Blumentöpfe. Male den 7. Blumentopf braun aus.

1.

zu Buchseite 9

Wir können aus einer Geldmenge einen bestimmten Betrag einkreisen.

1 Kreise stets 5 Cent ein. Schreibe dazu, wie viel Geld es ist.

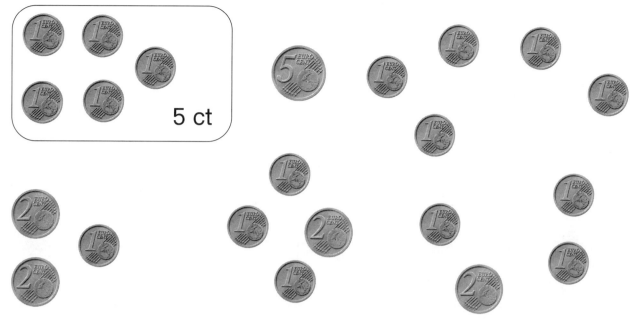

2 Kreise stets 6 Cent ein.

3 Kreise stets 8 Cent ein.

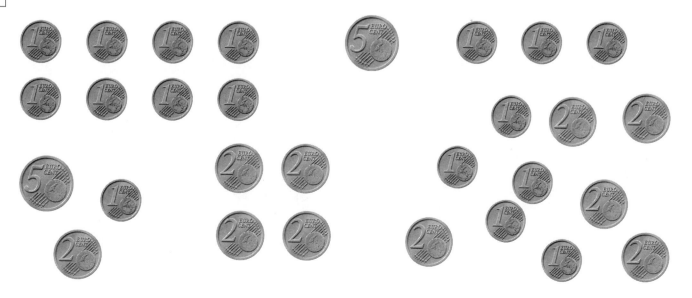

Wir können Aufgaben mit Geld lösen.

1 Welche Rechnung passt zur Bildergeschichte? Schreibe sie daneben.

2 Schreibe dazu, wie viel Geld in jedem Kästchen ist. Kreuze an, wo mehr Geld ist.

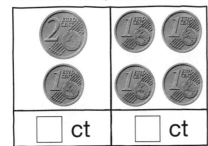 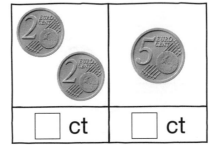 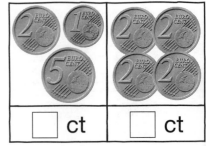

☐ ct   ☐ ct   ☐ ct   ☐ ct   ☐ ct   ☐ ct

3 Male in das rechte Feld eine Münze, die so viel wert ist wie das Geld im linken Feld.

4 Male in das rechte Feld andere Münzen, die so viel wert sind wie das Geld im linken Feld.

5 Patrick will so viel Geld haben wie Lena. Male das fehlende Geld dazu.

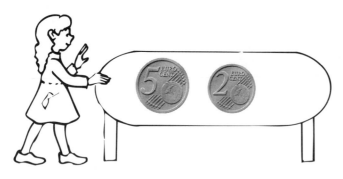 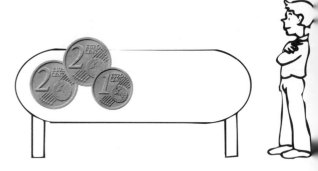

6 Verteile das Geld so an die Kinder, dass jedes Kind gleich viel erhält.

zu Buchseite

Wir wissen, dass 3 weiße und 5 schwarze Bälle zusammen 8 sind.

1 In jedem Beutel sollen 8 Bälle sein, 3 weiße und 5 schwarze.
Kreise richtig ein. Schreibe stets eine 8 dazu.

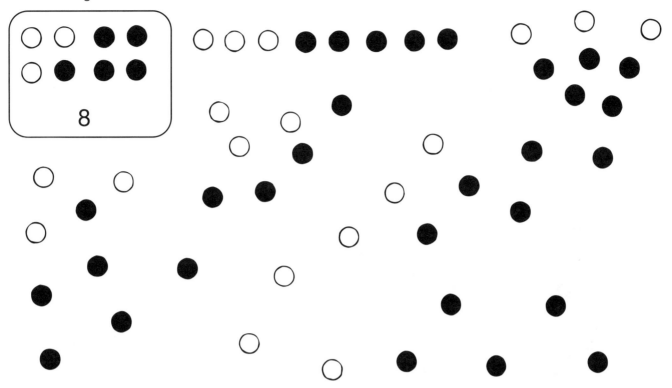

Wir wissen, dass 4 weiße und 4 schwarze Dreiecke zusammen 8 sind.

2 In jedem Beutel sollen 8 Dreiecke sein, 4 weiße und 4 schwarze.
Kreise richtig ein. Schreibe stets eine 8 dazu.

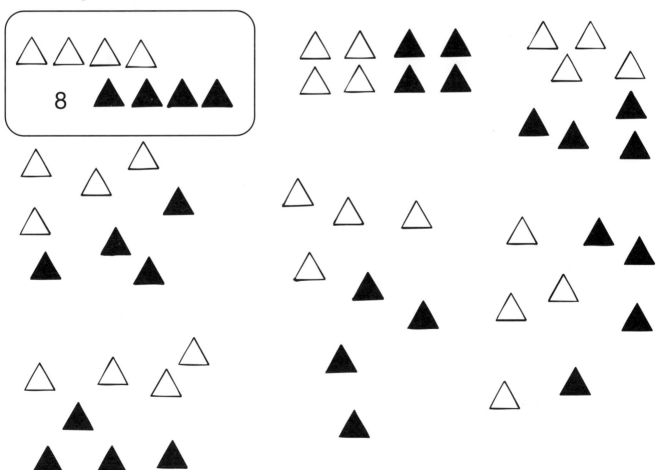

Wir wissen, dass ein weißes und 7 schwarze Plättchen zusammen 8 sind.

1 In jedem Beutel sollen 8 Plättchen sein, ein weißes und 7 schwarze.
Kreise richtig ein. Schreibe stets eine 8 dazu.

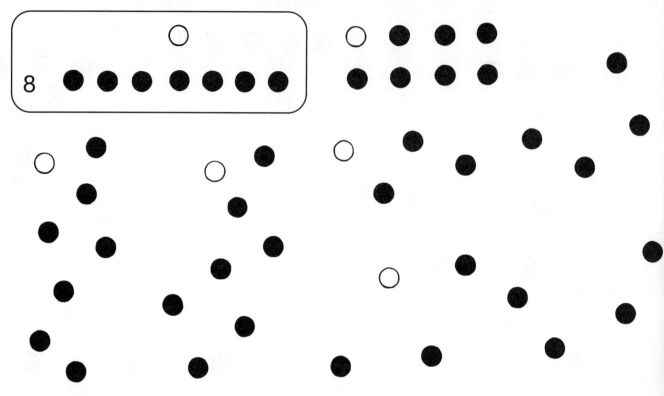

Wir wissen, dass 2 weiße und 6 schwarze Vierecke zusammen 8 sind.

2 In jedem Beutel sollen 8 Vierecke sein, 2 weiße und 6 schwarze.
Kreise richtig ein. Schreibe stets eine 8 dazu.

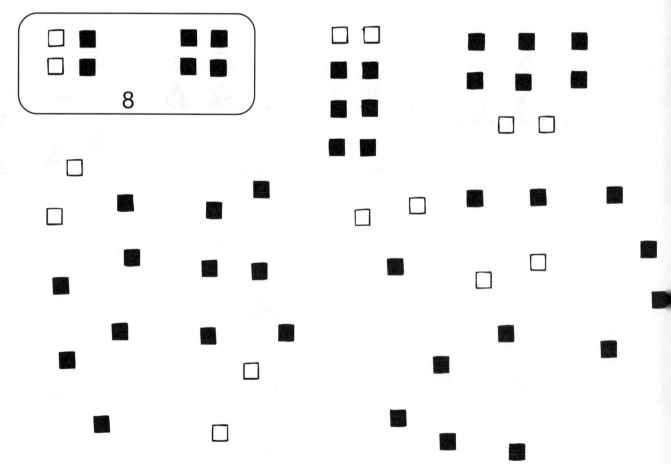

zu Buchseite 1

Wir können Plusaufgaben bis 8 lösen.

1 Male die Plättchen gelb und blau aus. Schreibe dazu, wie viele es sind.

7 + 1 = ☐	1 + 5 = ☐	2 + 6 = ☐	3 + 5 = ☐

2

1 + 7 = ☐	4 + 4 = ☐	6 + 2 = ☐	5 + 3 = ☐

3 Schreibe die richtigen Plusaufgaben darunter.

Wir können Minusaufgaben bis 8 lösen.

4 Streiche so viele Plättchen weg, wie angegeben ist. Trage ein, wie viele übrig bleiben.

8 − 1 = ☐	8 − 2 = ☐	8 − 3 = ☐	8 − 4 = ☐

5

8 − 5 = ☐	8 − 6 = ☐	8 − 7 = ☐	8 − 8 = ☐

6 Schreibe die richtigen Minusaufgaben darunter.

Wir können die Menge 8 zerlegen.

1 Male 4 Bälle gelb aus, 4 blau. Ziehe dann einen Zerlegstrich.

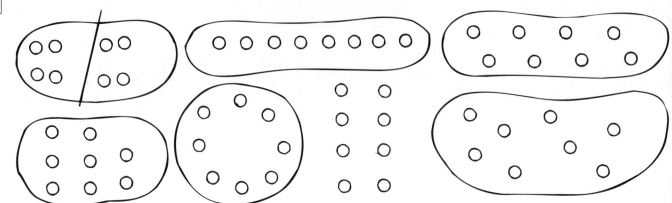

2 Hans erhält 5 rote Würfel, Sonja 3 schwarze.

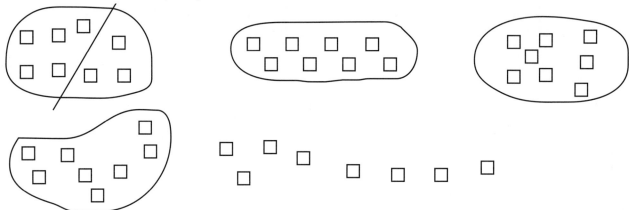

3 Udo erhält 2 grüne Plättchen, Helga 6 gelbe.

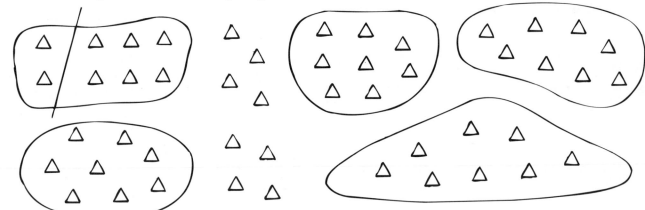

4 Jörg erhält einen gelben Stern, Annette 7 rote Sterne.

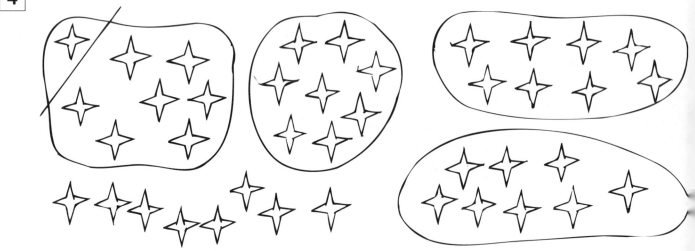

Wir können Zerlegaufgaben bis 8 lösen.

1 Verteile die Bälle genauso in die leeren Felder.
Schreibe die Zerlegaufgaben darunter.

8 = 7 + ☐

2

8 = 6 + ☐

3

8 = 5 + ☐

4

8 = 4 + ☐

5

8 = 3 + ☐

6

8 = 2 + ☐

7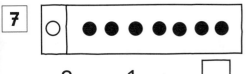

8 = 1 + ☐

8 2 Äpfel sollen in einem Netz sein, die übrigen in einem anderen.
Male die Netze.
Schreibe die Zerlegaufgabe.

8 = 2 + ☐

9 4 Zitronen sollen in einem Netz sein, die übrigen in einem anderen.
Male die Netze.
Schreibe die Zerlegaufgabe.

8 = 4 + ☐

Wir können Mengen auf 8 ergänzen.

1 In jeder Schachtel sollen 8 Bälle sein. Male die fehlenden dazu.

2

3

4

5

6 Jedes Schiff soll mit 8 Containern beladen werden. Male die fehlenden dazu.

Wir können Ergänzungsaufgaben bis 8 lösen.

7 In jeder Schachtel sollen 8 Bausteine sein. Male die fehlenden dazu.
Trage in die Rechnung ein, wie viele gefehlt haben.

| $1 + \square = 8$ | $3 + \square = 8$ | $5 + \square = 8$ | $7 + \square = 8$ |

8

| $\square + \square = 8$ | $\square + \square = 8$ | $\square + \square = 8$ | $\square + \square = 8$ |

zu Buchseite 14

Wir können 9 Dinge erkennen und malen.

1 Male in jedes Haus 9 Fenster.

2 Male auf jeden Block 9 Striche.

Wir können die Ziffer 9 schreiben.

3 9 9 9 9 9 9 9 9 9

Wir können aus einer Menge 9 Dinge einkreisen.

4 Male stets 9 Bälle aus und kreise sie ein. Schreibe die 9 dazu.

zu Buchseite 15

Wir können den Mengen bis 9 die Ziffern zuordnen.

1 Zähle die Dinge und schreibe die Ziffern darunter.

2

Wir können zu den Ziffern bis 9 die Mengen malen.

3 Die Ziffern sagen dir, wie viele Dinge du malen sollst.

| 9 | 8 |

4

| 6 | 7 |

5

| 8 | 9 |

6

| 9 | 5 |

zu Buchseite 1

Wir kennen die Reihenfolge der Mengen von 1 bis 9.

1 Male so viele Bälle, wie unten angegeben ist.

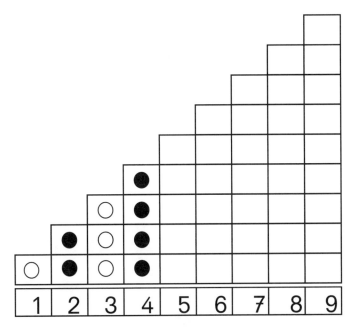
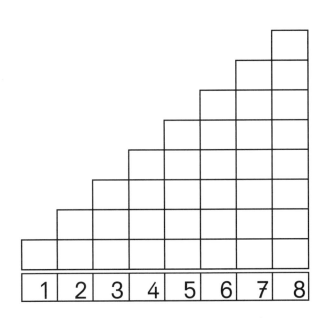

Wir kennen die Reihenfolge der Zahlen von 1 bis 9.

2 Welche Zahlen fehlen? Trage sie ein.

| 1 | | 3 | | 5 | | 7 | | 9 |

| 2 | | 4 | | 6 | | 8 | |

3

| 1 | 2 | 3 | | | | |

| | | 3 | | | | 7 | |

4

| | | 3 | 4 | 5 | | |

| | | | | | 7 | 8 | 9 |

5

| | 8 | | 9 | | 8 |

| 7 | | 8 | | | 8 |

Wir können erster – zweiter – dritter – vierter – fünfter – sechster – siebter – achter – neunter Radfahrer unterscheiden.

6 Male den 3. Radfahrer rot aus, den 7. gelb, den 9. blau.

Wir können 9 Dinge nummerieren.

7 Nummeriere die Pakete. Male das 8. und 9. Paket gelb aus.

1. 2.

zu Buchseite 15

Wir wissen, dass 4 weiße und 5 schwarze Bälle zusammen 9 sind.

1 In jedem Beutel sollen 9 Bälle sein, 4 weiße und 5 schwarze.
Kreise richtig ein. Schreibe stets eine 9 dazu.

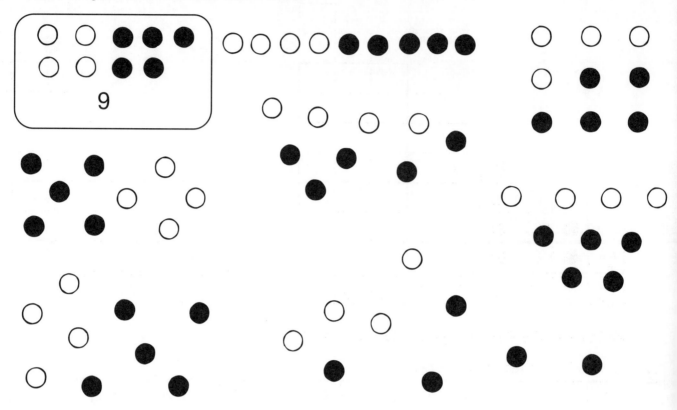

Wir wissen, dass 3 weiße und 6 schwarze Dreiecke zusammen 9 sind.

2 In jedem Beutel sollen 9 Dreiecke sein, 3 weiße und 6 schwarze.
Kreise richtig ein. Schreibe stets eine 9 dazu.

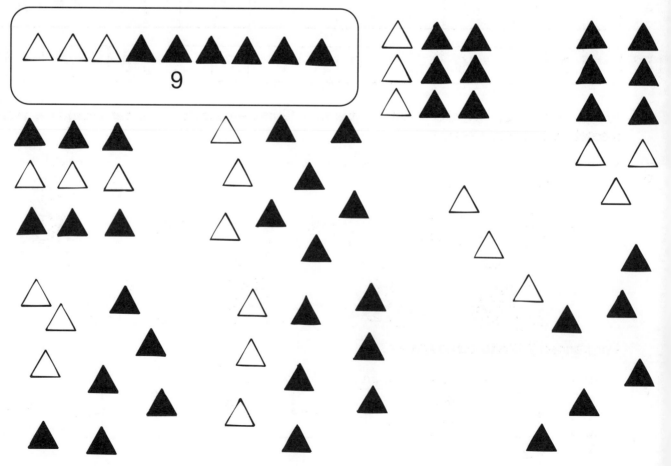

Wir wissen, dass 2 weiße und 7 schwarze Plättchen zusammen 9 sind.

1 In jedem Beutel sollen 9 Plättchen sein, 2 weiße und 7 schwarze.
Kreise richtig ein. Schreibe stets eine 9 dazu.

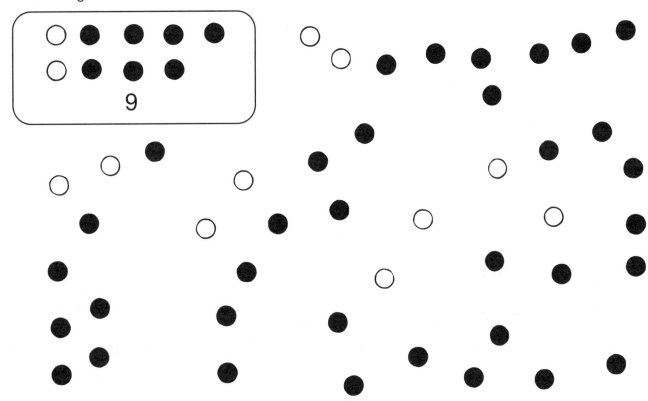

Wir wissen, dass ein weißes Plättchen und 8 schwarze zusammen 9 sind.

2 In jedem Beutel sollen 9 Plättchen sein, ein weißes und 8 schwarze.
Kreise richtig ein. Schreibe stets eine 9 dazu.

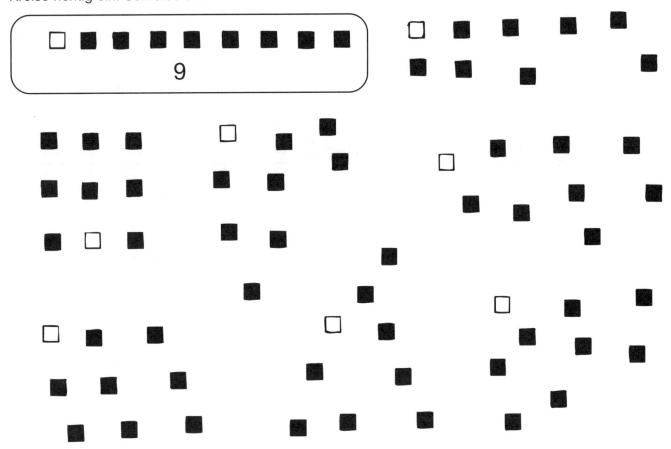

Wir können Plusaufgaben bis 9 lösen.

1 Male die Plättchen gelb und blau aus. Schreibe dazu, wie viele es sind.

2

$8 + 1 = \square$ $2 + 6 = \square$ $4 + 5 = \square$

$1 + 8 = \square$ $3 + 6 = \square$ $6 + 3 = \square$

3 Schreibe die richtigen Plusaufgaben darunter.

Wir können Minusaufgaben bis 9 lösen.

4 Streiche so viele weg, wie angegeben ist.
Trage ein, wie viele übrig bleiben.

$9 - 1 = \square$ $9 - 2 = \square$ $9 - 3 = \square$

5

$9 - 6 = \square$ $9 - 7 = \square$ $9 - 9 = \square$

6 Schreibe die richtigen Minusaufgaben darunter.

zu den Buchseiten 16 / 17

1 Male 4 Bälle rot aus, 5 blau. Ziehe dann einen Zerlegstrich.

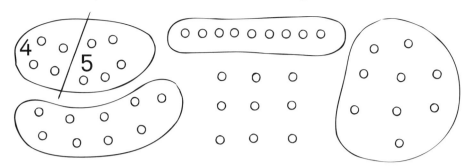

2 Hans erhält 3 gelbe Würfel, Anja 6 schwarze.

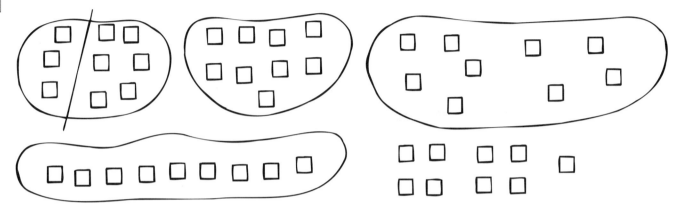

3 Udo erhält 2 grüne Dreiecke, Christine 7 blaue.

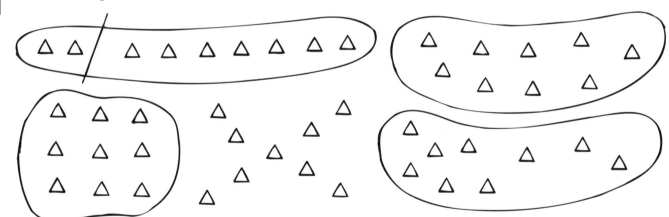

4 Jörg erhält einen roten Bonbon, Claudia 8 gelbe Bonbons.

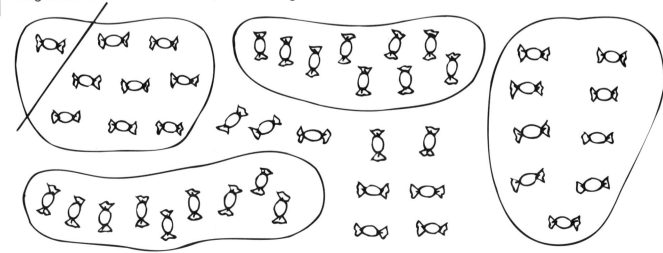

Wir können Zerlegaufgaben bis 9 lösen.

1 Verteile die Bälle genauso in die leeren Felder.
Schreibe die Zerlegaufgaben darunter.

9 = 8 + ☐

9 = 7 + ☐

9 = 6 + ☐

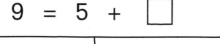

9 = 5 + ☐

9 = 4 + ☐

9 = 3 + ☐

9 = 2 + ☐

9 = 1 + ☐

9 3 Birnen sollen in einem Netz sein,
die übrigen in einem anderen.
Male die Netze.
Schreibe die Zerlegaufgabe.

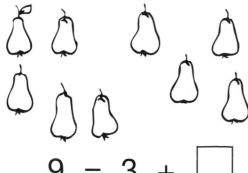

9 = 3 + ☐

4 Nüsse sollen in einem Netz sein,
die übrigen in einem anderen.
Male die Netze.
Schreibe die Zerlegaufgabe.

9 = 4 + ☐

zu Buchseite 18

1 In jeder Schachtel sollen 9 Bälle sein. Male die fehlenden dazu.

2

3

4

5

6 In jeder Schachtel sollen 9 Kegel sein. Male die fehlenden dazu.

$3 + \square = 9$ $4 + \square = 9$ $2 + \square = 9$

Wir können Ergänzungsaufgaben bis 9 lösen.

7 In jeder Schachtel sollen 9 Bausteine sein. Male die fehlenden dazu.
Trage in die Rechnung ein, wie viele gefehlt haben.

| $7 + \square = 9$ | $6 + \square = 9$ | $5 + \square = 9$ |

8

| $4 + \square = 9$ | $3 + \square = 9$ | $1 + \square = 9$ |

zu Buchseite 19

Wir können 10 Dinge erkennen und malen.

1 Male in jeden Baum 10 Äpfel.

2 Male auf jeden Block 10 Striche.

Wir können die Zahl 10 schreiben.

3

10	10	10	10	10	10	10	10	10

Wir können aus einer Menge 10 Dinge einkreisen.

4 Male stets 10 Bälle mit einer Farbe aus. Kreise die Bälle ein.

10

zu Buchseite 20

Wir können den Mengen bis 10 die richtigen Zahlen zuordnen.

1 Zähle die Dinge. Schreibe die richtigen Zahlen darunter.

Wir können zu den Zahlen bis 10 die richtigen Mengen malen.

4 Die Zahlen sagen dir, wie viele Bälle du malen sollst.

10   7

5

8   10

6

10   6

7

9   10

zu Buchseite 20

Wir kennen die Reihenfolge der Mengen von 1 bis 10.

1 Male so viele Bälle in die Felder, wie angegeben ist.

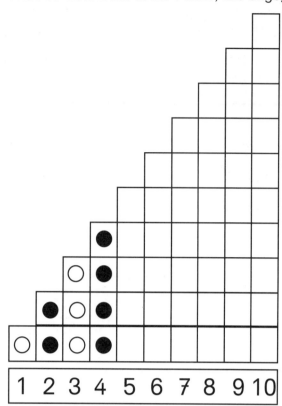
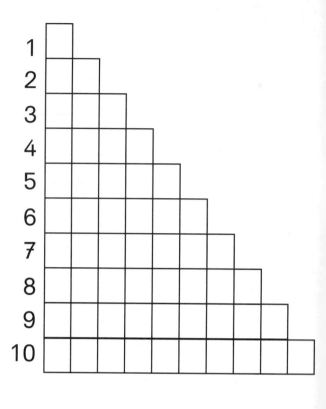

Wir kennen die Reihenfolge der Zahlen von 1 bis 10.

2 Welche Zahlen fehlen? Trage sie ein.

| 1 | | 3 | | 5 | | 7 | | 9 | |

| | 2 | | 4 | | 6 | | 8 | | 10 |

3
| 1 | 2 | 3 | | | | | | | |

4
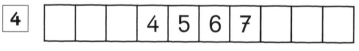
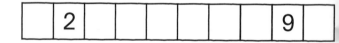

5
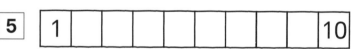
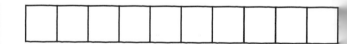

6 | | 10 | 9 | | | 8 | | 10 | | | 7 | | | | 8 | | | | 9 | |

Wir können 10 Dinge nummerieren.

7 Nummeriere die Bohrer.

1.   2.

Wir wissen, welche von 2 Zahlen bis 10 die größere, welche die kleinere ist.

1 Wir können die Vergleichszeichen > < richtig einsetzen. Die Spitze zeigt zur kleineren Menge. Nenne die größere, die kleinere Menge. Setze die richtigen Vergleichszeichen ein.

2 Nenne die größere, die kleinere Zahl. Setze die richtigen Vergleichszeichen ein.

8 < 10	9 7	10 9	8 9	9 10
7 8	8 6	9 5	7 10	7 8

Wir wissen, wie groß die Hälfte von 2, 4, 6, 8 und 10 ist.

4 Halbiere die Mengen durch einen Strich. Schreibe darunter, wie groß beide Hälften sind.

Wir wissen, wie groß das Doppelte von 1, 2, 3, 4 und 5 ist.

5 Verdopple die Mengen. Schreibe unten dazu, wie groß das Doppelte ist.

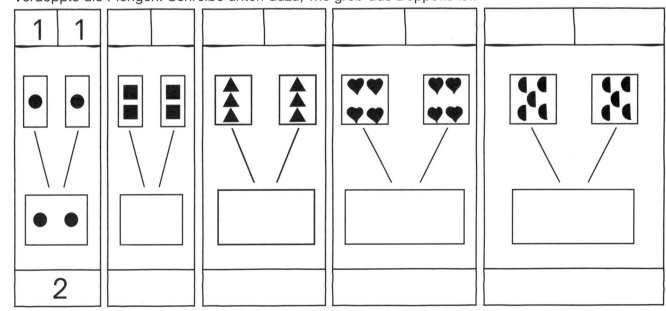

zu den Buchseiten 20 / 21

Wir können zu Geldbeträgen schreiben, wie viel Geld es ist.

1 Schreibe daneben, wie viel Geld es ist.

2

3

Wir können Geld bis zu 10 Cent wechseln.

4 Streiche die Geldstücke durch und male dafür ein Geldstück hin, das genauso viel wert ist.

Wir können Geldbeträge bis zu 10 Cent malen.

5 Oben steht, wie viel Geld es sein soll. Schreibe die richtigen Zahlen in die Geldstücke.

| 5 ct | 2 ct | 10 ct |

6

| 10 ct | 10 ct | 8 ct | 6 ct |

Wir können aus einer Geldmenge Beträge von 10 Cent einkreisen.

7 Kreise stets 10 Cent ein. Schreibe den Geldbetrag dazu.

10 ct

zu Buchseite 22

Wir wissen, dass 4 weiße und 6 schwarze Bälle zusammen 10 sind.

1 In jedem Beutel sollen 10 Bälle sein, 4 weiße und 6 schwarze.
Kreise richtig ein. Schreibe stets eine 10 dazu.

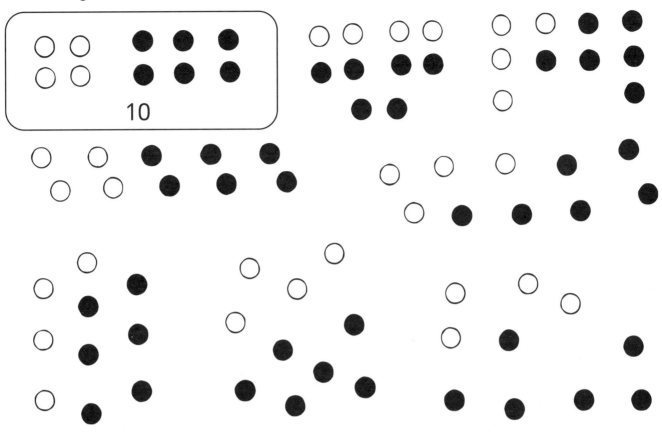

Wir wissen, dass 5 weiße und 5 schwarze Dreiecke zusammen 10 sind.

2 In jedem Beutel sollen 10 Dreiecke sein, 5 weiße und 5 schwarze.
Kreise richtig ein. Schreibe stets eine 10 dazu.

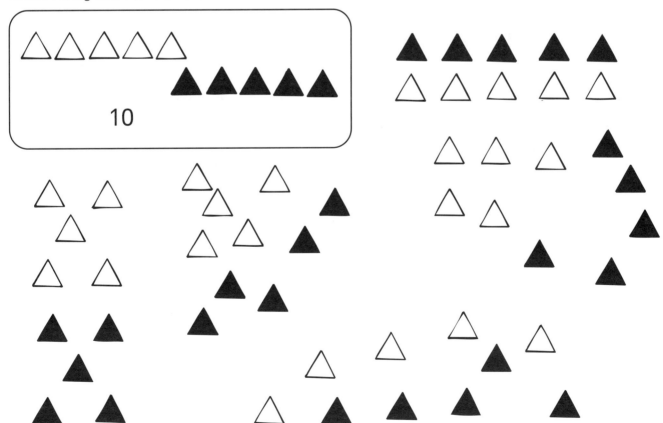

zu Buchseite 23

Wir wissen, dass 3 weiße und 7 schwarze Plättchen zusammen 10 sind.

1 In jedem Beutel sollen 10 Plättchen sein, 3 weiße und 7 schwarze.
Kreise richtig ein. Schreibe stets eine 10 dazu.

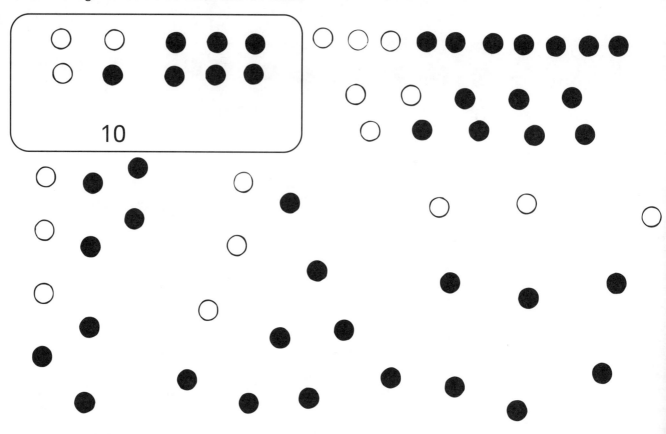

Wir wissen, dass 2 weiße und 8 schwarze Plättchen zusammen 10 sind.

2 In jedem Beutel sollen 10 Plättchen sein, 2 weiße und 8 schwarze.
Kreise richtig ein. Schreibe stets eine 10 dazu.

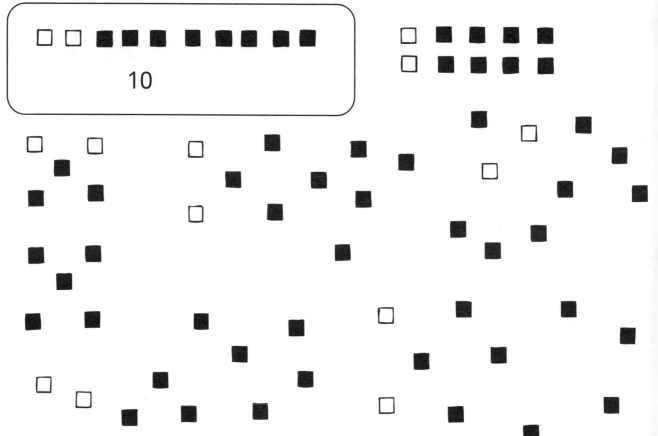

zu Buchseite 23

Wir wissen, dass ein weißes und 9 schwarze Plättchen zusammen 10 sind.

1 In jedem Beutel sollen 10 Plättchen sein, ein weißes und 9 schwarze.
Kreise richtig ein. Schreibe stets eine 10 dazu.

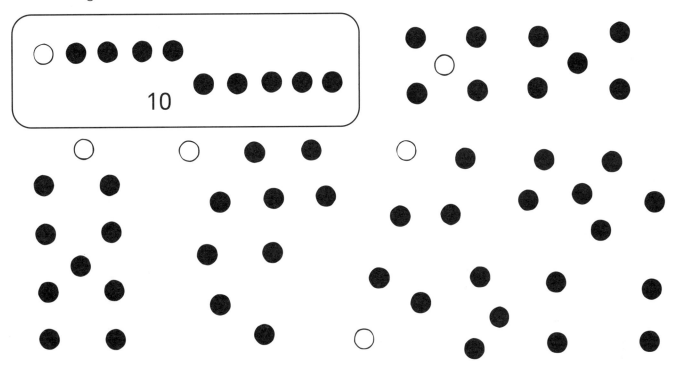

Wir können Plusaufgaben bis 10 lösen.

2 Male die Plättchen gelb und blau aus. Schreibe dazu, wie viele es zusammen sind.

3

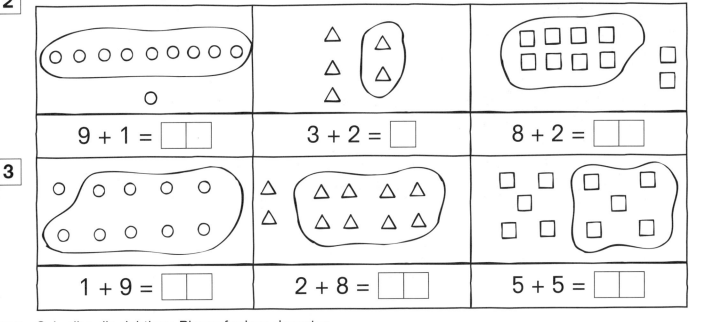

9 + 1 = ☐☐   3 + 2 = ☐   8 + 2 = ☐☐

1 + 9 = ☐☐   2 + 8 = ☐☐   5 + 5 = ☐☐

4 Schreibe die richtigen Plusaufgaben darunter.

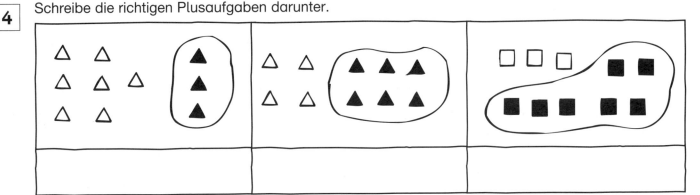

zu Buchseite 23   39

Wir können Minusaufgaben bis 10 lösen.

1 Male in jedes leere Feld 10 Bälle. Streiche so viele weg, wie angegeben ist. Trage ein, wie viele übrig bleiben.

10 − 5 = ☐   10 − 8 = ☐   10 − 6 = ☐

2

10 − 7 = ☐   10 − 9 = ☐

3

10 − 4 = ☐   10 − 3 = ☐

4 Welche der Minusrechnungen passt zur Bildergeschichte? Unterstreiche sie.

9 − 2 = ☐

10 − 1 = ☐

10 − 2 = ☐

10 − 3 = ☐

5 Schreibe die richtigen Minusaufgaben darunter.

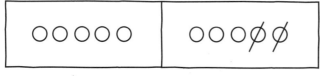   

_____   _____

6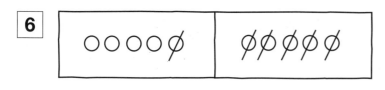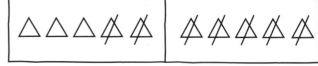

_____   _____

40   zu Buchseite 24

Wir können die Menge 10 zerlegen.

1 Male einen Ball grün aus, 9 Bälle gelb. Ziehe dann einen Zerlegstrich.

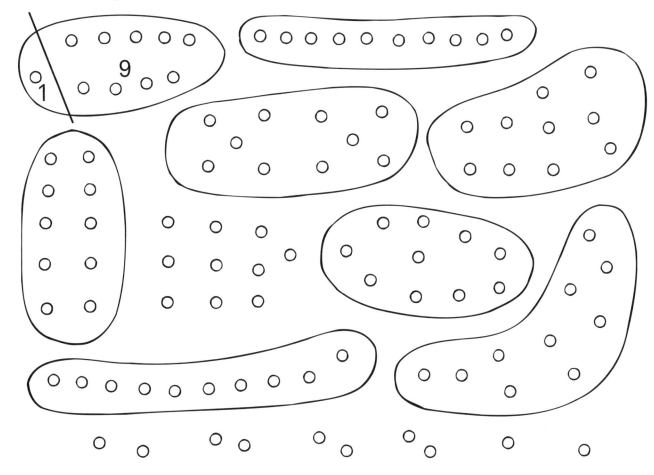

2 Jürgen erhält 8 gelbe Würfel, Annette 2 rote.

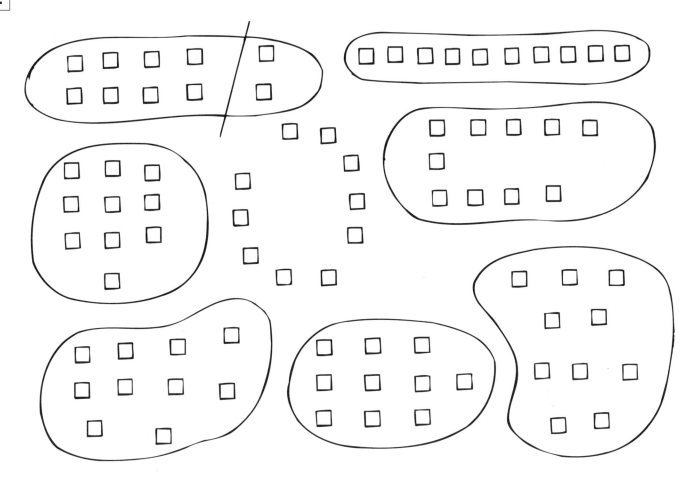

zu Buchseite 25

Wir können die Menge 10 zerlegen.

1 Male 5 Würfel gelb aus, 5 braun. Ziehe dann einen Zerlegstrich.

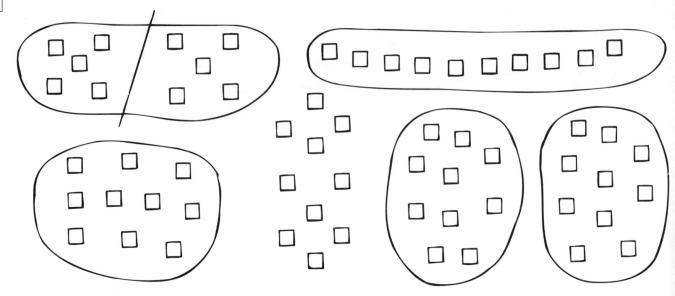

2 Jörg erhält 4 rote Bälle, Elke 6 blaue.

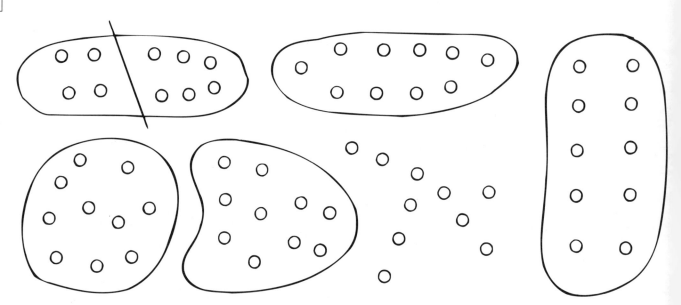

3 Friedrich erhält 3 grüne Plättchen, Monika 7 schwarze.

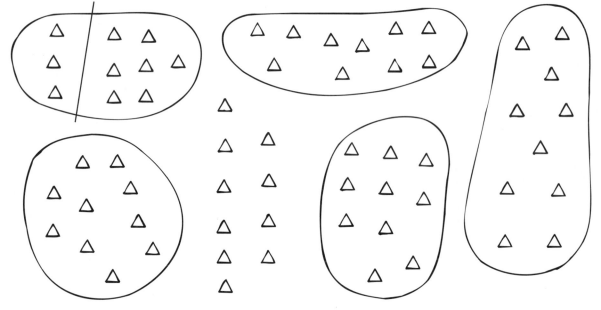

Wir können Zerlegaufgaben bis 10 lösen.

1. Verteile die Bälle genauso in die leeren Felder. Ergänze die fehlenden Zahlen.

   ○ ○ ○ ○ ○ ○ ○ ○ ○ ●

   10 = 9 + ☐

2. ○ ○ ○ ○ ○ ○ ○ ○ ● ●

   10 = 8 + ☐

3. ○ ○ ○ ○ ○ ○ ○ ● ● ●

   10 = 7 + ☐

4. ○ ○ ○ ○ ○ ○ ● ● ● ●

   10 = 6 + ☐

5. 10 = 5 + ☐

6. 10 = 4 + ☐

7. 10 = 3 + ☐

8. 10 = 2 + ☐

9. 10 = 1 + ☐

10. Verteile die Äpfel auf die beiden Teller. Jedes Kind soll gleich viel erhalten. Schreibe die richtige Zerlegaufgabe dazu.

    ☐☐ = ☐ + ☐

Wir können Mengen auf 10 ergänzen.

1 In jeder Schachtel sollen 10 Bälle sein. Male die fehlenden dazu.

2

3

4

5

Wir können Ergänzungsaufgaben bis 10 lösen.

6 In jeder Schachtel sollen 10 Eier sein. Male die fehlenden dazu.
Trage in die Rechnung ein, wie viele gefehlt haben.

10 + ☐ = 10   5 + ☐ = 10

7

9 + ☐ = 10   4 + ☐ = 10

8

8 + ☐ = 10   3 + ☐ = 10

9

7 + ☐ = 10   2 + ☐ = 10

10

6 + ☐ = 10   1 + ☐ = 10

Wir wissen, dass 5 mal 2 zehn sind, dass 2 mal 5 auch zehn sind.

1 Kreise rechts genauso ein. Schreibe die Malaufgaben dazu.

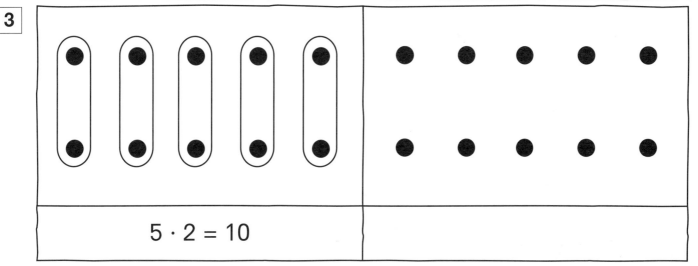

4 Schreibe die passende Malaufgabe darunter.

5 Vorsicht, hier stehen verschiedenerlei Aufgaben!

5 + 2 = ☐	5 + 5 = ☐	4 + 6 = ☐	10 − 5 = ☐	6 + ☐ = 10
5 · 2 = ☐	10 − 5 = ☐	10 − 6 = ☐	10 = 5 + ☐	10 − 6 = ☐
3 + 2 = ☐	1 + 9 = ☐	3 + 7 = ☐	10 − 4 = ☐	3 + ☐ = 10
3 · 2 = ☐	10 − 9 = ☐	10 − 7 = ☐	10 = 4 + ☐	10 − 2 = ☐
2 + 5 = ☐	6 + 4 = ☐	2 + 8 = ☐	10 − 3 = ☐	4 + ☐ = 10
2 · 5 = ☐	10 − 4 = ☐	10 − 8 = ☐	10 = 3 + ☐	10 − 1 = ☐

Wir können 11 Dinge malen und die Zahl 11 dazuschreiben.

1 Male in jedes Feld 11 Bälle. Schreibe die Zahl 11 dazu.

11

Wir können 11 Dinge nummerieren.

2 Nummeriere die Bälle. Male den 5. Ball rot aus, den 9. Ball gelb. Welche Nummer hat der kleine Ball?

1. 2.

Wir wissen, welche von 2 Zahlen bis 11 die größere, welche die kleinere ist.

3 Male die kleinere Menge aus. Setze das richtige Vergleichszeichen dazwischen.

4 Nenne die größere, die kleinere Zahl. Setze das richtige Vergleichszeichen dazwischen.

8 < 9	9 10	10 11	7 4	11 10
11 8	7 8	11 9	7 10	11 9

46 zu den Buchseiten 28 / 29

Wir können Plusaufgaben bis 11 lösen.

1 Male die Plättchen gelb und blau aus. Trage ein, wie viele es sind.

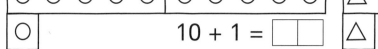

10 + 1 = ☐☐   1 + 10 = ☐☐

2

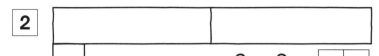

9 + 2 = ☐☐   2 + 9 = ☐☐

3

8 + 3 = ☐☐   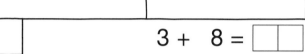 3 + 8 = ☐☐

4 Welche Zahlen ergeben zusammen 11? Male die Felder, in denen sie stehen, mit der gleichen Farbe aus.

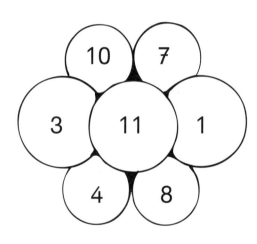
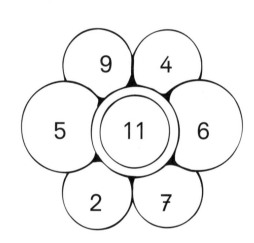

5 Schreibe die richtigen Plusaufgaben darunter.

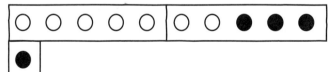
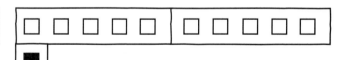

_____   _____

6

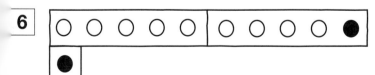
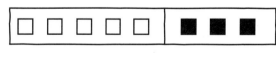

_____   _____

7

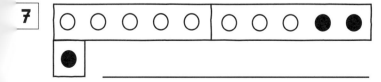

_____   _____

Wir können Minusaufgaben bis 11 lösen.

1 Male in jedes leere Feld 11 Plättchen. Streiche so viele weg, wie angegeben ist.
Trage ein, wie viele übrig bleiben.

11 – 1 = ☐   11 – 2 = ☐

2

11 – 3 = ☐   11 – 4 = ☐

3

11 – 5 = ☐   11 – 6 = ☐

4 Die Zahlen sagen dir, wie viele Blumen du jedes Mal wegstreichen sollst.
Rechne alle Aufgaben aus. Wie viele Blumen bleiben zuletzt übrig?

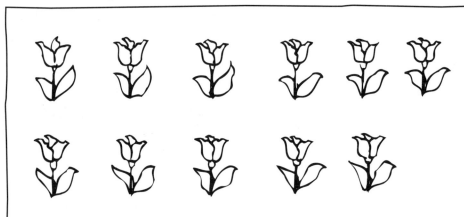

11 – 1 = 10

10 – 2 = ☐

☐☐ – 3 = ☐

☐☐ – 2 = ☐

5 Schreibe die richtigen Minusaufgaben darunter.

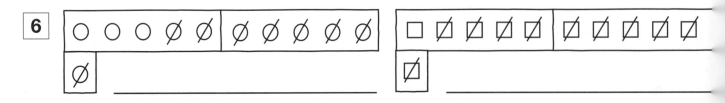

6

7

48   zu Buchseite 3

Wir können Zerlegaufgaben bis 11 lösen.

1 Male in jedes leere Feld 11 Bälle. Die Rechnungen sagen dir, wie viele du gelb und wie viele du blau ausmalen sollst. Ziehe Zerlegstriche.

11 = 9 + ☐   11 = 8 + ☐

2
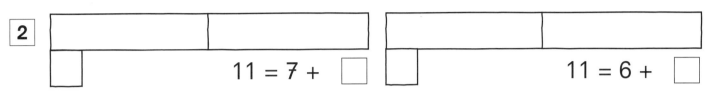

11 = 7 + ☐   11 = 6 + ☐

3
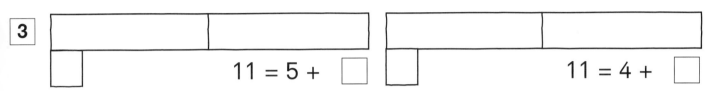

11 = 5 + ☐   11 = 4 + ☐

4 Löse zuerst alle Aufgaben.
Unterstreiche die passende Zerlegaufgabe.

11 = 3 + ☐
11 = 4 + ☐
11 = 7 + ☐
11 = 6 + ☐

5 Schreibe die richtigen Zerlegaufgaben darunter.

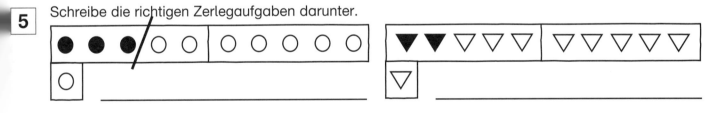

6
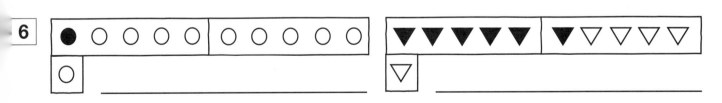

7
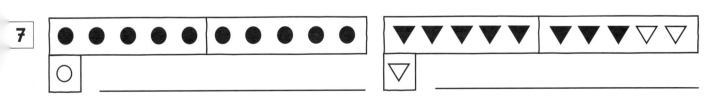

Wir können Ergänzungsaufgaben bis 11 lösen.

1 In jedem Feld sollen 11 Bälle sein. Male die fehlenden dazu.
Trage in die Rechnungen ein, wie viele gefehlt haben.

9 + ☐ = 11   8 + ☐ = 11

2 7 + ☐ = 11   6 + ☐ = 11

3 5 + ☐ = 11   4 + ☐ = 11

4 Löse zuerst alle Aufgaben.
Unterstreiche die passende Ergänzungsaufgabe.

9 + ☐ = 10
8 + ☐ = 11
8 + ☐ = 10
9 + ☐ = 11

5 Schreibe die richtigen Ergänzungsaufgaben darunter. Male dazu, was fehlt.

3 + ☐ = 11   _____

6 _____   _____

7 _____   _____

8 _____   _____

50   zu Buchseite 3

Wir können 12 Dinge malen und die Zahl 12 dazuschreiben.

1 Male in jedes Feld 12 Bälle. Schreibe die Zahl 12 dazu.

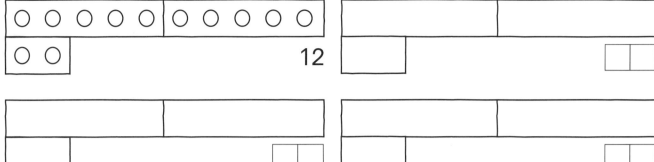

Wir können 12 Dinge nummerieren.

2 Nummeriere die Papierkörbe. Male den 11. Papierkorb grün aus.

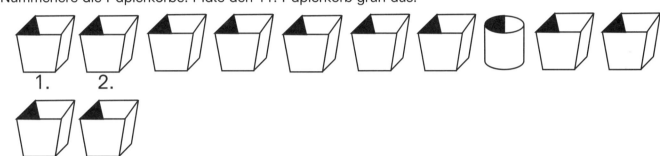

Wir können Plusaufgaben bis 12 lösen.

3 Male die Plättchen gelb und blau aus. Trage ein, wie viele es sind.

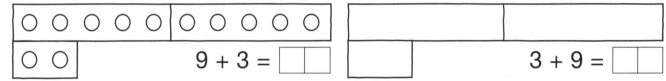

$9 + 3 =$ $3 + 9 =$

4

$8 + 4 =$ $4 + 8 =$

5 Schreibe die richtigen Plusaufgaben darunter.

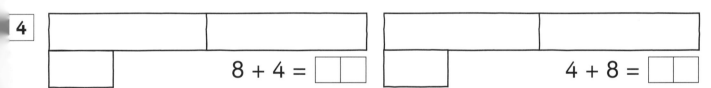

6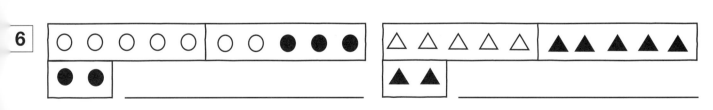

7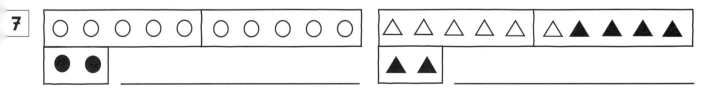

Wir können Minusaufgaben bis 12 lösen.

1 Streiche so viele weg, wie angegeben ist. Trage ein, wie viele übrig bleiben.

12 – 4 = ☐   12 – 8 = ☐

2 10 – 6 = ☐   9 – 8 = ☐

3 12 – 3 = ☐   12 – 7 = ☐

4 12 – 5 = ☐   12 – 9 = ☐

5 Schreibe die richtigen Minusaufgaben darunter.

6

7 Male das Kästchen, in dem die 1. Aufgabe steht, gelb aus.
Male den Kreis mit der zugehörigen Ergebniszahl auch gelb aus.

12 – 2 = ☐	12 – 1 = ☐
12 – 4 = ☐	12 – 3 = ☐
12 – 6 = ☐	12 – 5 = ☐
12 – 8 = ☐	12 – 7 = ☐
12 – 10 = ☐	12 – 9 = ☐

10   5   8   7   4   11   2   9   6   3

Wir können Zerlegaufgaben bis 12 lösen.

1 Male in jedes Feld 12 Bälle. Die Rechnungen sagen dir, wie viele du gelb und wie viele du blau ausmalen sollst. Ziehe Zerlegstriche.

12 = 8 + ☐   12 = 4 + ☐

2 12 = 7 + ☐   12 = 5 + ☐

3 12 = 9 + ☐   12 = 3 + ☐

4 Schreibe die richtigen Zerlegaufgaben darunter.

5

6 a) Wie viel Geld hat Onkel Fridolin dabei?

Es sind ☐☐ Cent.

b) Er verteilt das Geld gerecht an seine beiden Neffen. Kreise ein, wie viel jeder bekommt.

Es sind ☐ Cent.

7 a) Trage ein, wie viel Geld jeder besitzt.

Sabine: ☐☐ Cent   Hermann: ☐☐ Cent

b) Wer hat weniger Geld?
Unterstreiche den richtigen Namen.

Wir können Ergänzungsaufgaben bis 12 lösen.

1 In jedem Feld sollen 12 Bälle sein. Male die fehlenden dazu.
Trage in die Rechnungen ein, wie viele gefehlt haben.

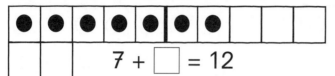
7 + ☐ = 12

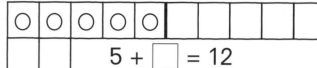
5 + ☐ = 12

2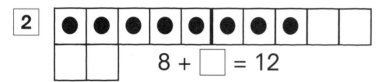
8 + ☐ = 12

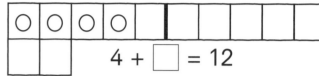
4 + ☐ = 12

3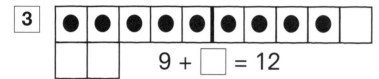
9 + ☐ = 12

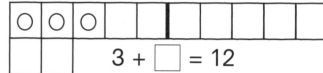
3 + ☐ = 12

4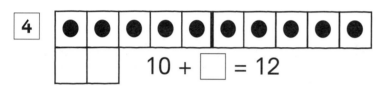
10 + ☐ = 12

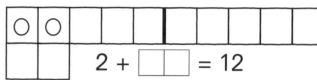
2 + ☐ = 12

5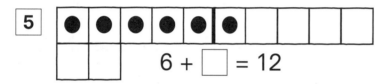
6 + ☐ = 12

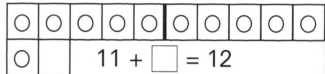
11 + ☐ = 12

6 Löse zuerst alle Aufgaben. Unterstreiche die passende Ergänzungsaufgabe.

4 + ☐ = 12
5 + ☐ = 12
6 + ☐ = 12
8 + ☐ = 12
7 + ☐ = 12

7 Schreibe die richtigen Ergänzungsaufgaben darunter.

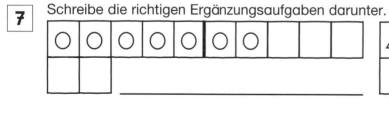

8

Wir wissen, dass 6 mal 2 zwölf sind, dass 2 mal 6 zwölf sind, dass 4 mal 3 zwölf sind, dass 3 mal 4 zwölf sind.

1 Kreise genauso ein. Schreibe die Malaufgabe dazu.

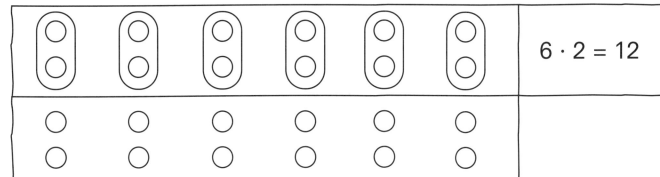

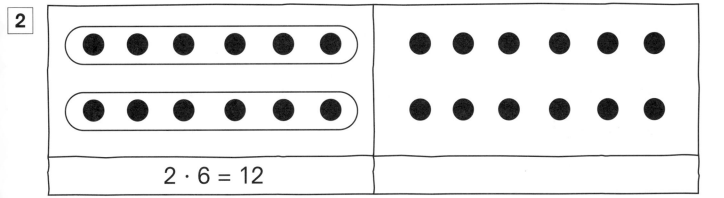

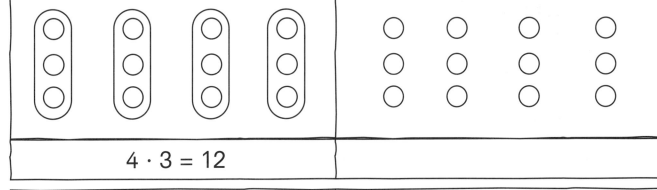

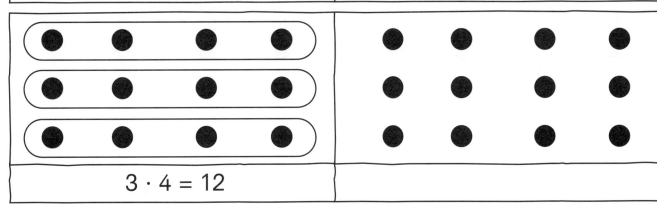

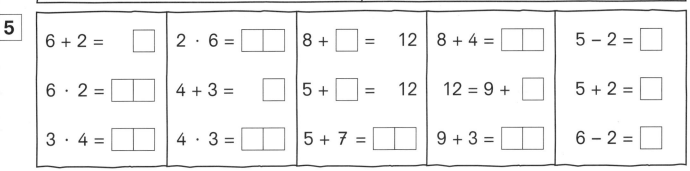

Wir können 13 Dinge malen und die Zahl 13 dazuschreiben.

1 Male in jedes Feld 13 Bälle. Schreibe die Zahl 13 dazu.

13

Wir können 13 Dinge nummerieren.

2 Nummeriere die Fenster. Das 8. Fenster soll zerbrochen sein.

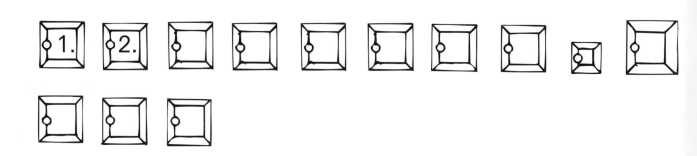

Wir können Plusaufgaben bis 13 lösen.

3 Male die Plättchen gelb und blau aus. Trage ein, wie viele es sind.

$9 + 4 =$ ☐ $4 + 9 =$ ☐

4

$8 + 5 =$ ☐ $5 + 8 =$ ☐

5 Schreibe die richtigen Plusaufgaben darunter.

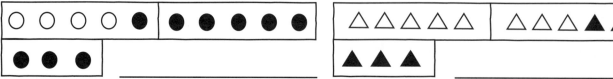

6

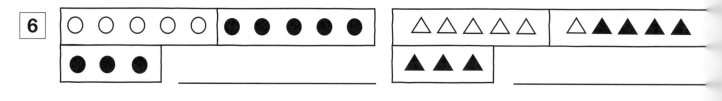

zu den Buchseiten 41/4

Wir können Minusaufgaben bis 13 lösen.

1 Male in jedes leere Feld 13 Plättchen. Streiche so viele weg, wie angegeben ist. Trage ein, wie viele übrig bleiben.

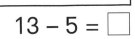

13 − 5 = ☐   13 − 8 = ☐

2 13 − 4 = ☐   13 − 9 = ☐

3 13 − 6 = ☐   13 − 7 = ☐

4 Schreibe die richtige Minusaufgabe daneben.

5 Schreibe die richtigen Minusaufgaben darunter.

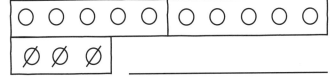   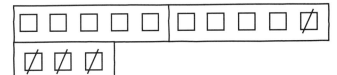

6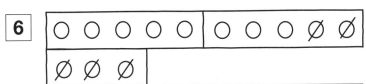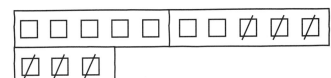

7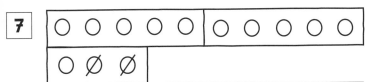

zu Buchseite 43

Wir können Zerlegaufgaben bis 13 lösen.

1 Male in jedes leere Feld 13 Bälle. Die Rechnungen sagen dir, wie viele du gelb und wie viele du blau ausmalen sollst. Ziehe Zerlegstriche.

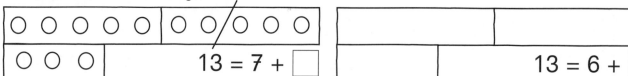

13 = 7 + ☐   13 = 6 + ☐

2

13 = 8 + ☐   13 = 5 + ☐

3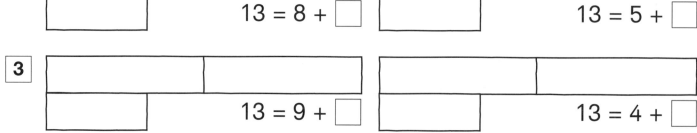

13 = 9 + ☐   13 = 4 + ☐

4 Löse zuerst alle Aufgaben.
Welche Aufgabe passt zur Bildergeschichte? Unterstreiche sie.

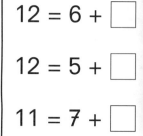

12 = 6 + ☐

12 = 5 + ☐

11 = 7 + ☐

13 = 6 + ☐

5 Schreibe die richtigen Zerlegaufgaben darunter.

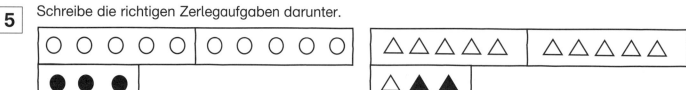

_____   _____

6

_____   _____

7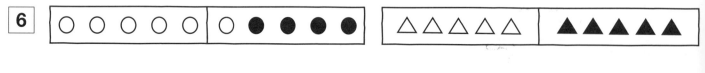

_____   _____

Wir können Ergänzungsaufgaben bis 13 lösen.

1 In jedem Feld sollen 13 Bälle sein. Male die fehlenden dazu.
Trage in die Rechnungen ein, wie viele gefehlt haben.

7 + ☐ = 13   6 + ☐ = 13

2 8 + ☐ = 13   5 + ☐ = 13

3 9 + ☐ = 13   4 + ☐ = 13

4 Löse zuerst alle Aufgaben.
Unterstreiche die richtige Ergänzungsaufgabe.

8 + ☐ = 13

10 + ☐ = 13

9 + ☐ = 13

12 + ☐ = 13

5 Schreibe die richtigen Ergänzungsaufgaben darunter.

_____   _____

6 _____   _____

7 _____   _____

zu Buchseite 45

Wir können 14 Dinge malen und die Zahl 14 dazuschreiben.

1 Male in jedes Feld 14 Bälle. Schreibe die Zahl 14 dazu.

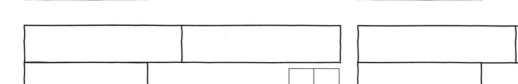

Wir können 14 Dinge nummerieren.

2 Nummeriere die Lampen. Male die 7. und die 14. Lampe gelb aus.

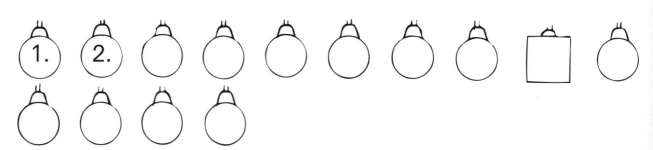

Wir können Plusaufgaben bis 14 lösen.

3 Male die Plättchen gelb und blau aus. Trage ein, wie viele es sind.

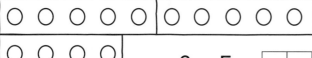

9 + 5 = ☐☐   5 + 9 = ☐☐

4

8 + 6 = ☐☐   6 + 8 = ☐☐

5 Schreibe die richtigen Plusaufgaben darunter.

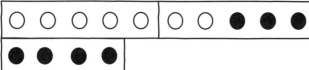 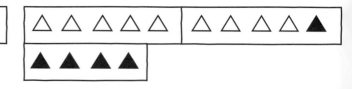

_____   _____

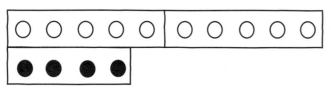 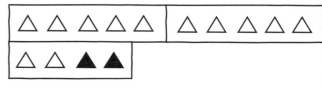

_____   _____

Wir können Minusaufgaben bis 14 lösen.

1 Male in jedes leere Feld 14 Plättchen. Streiche so viele weg, wie angegeben ist. Trage ein, wie viele übrig bleiben.

14 − 5 = ☐   14 − 9 = ☐

2 14 − 6 = ☐   14 − 8 = ☐

3 14 − 7 = ☐   14 − 10 = ☐

4 Löse zuerst alle Aufgaben. Welche Rechnung passt zur Bildergeschichte? Unterstreiche sie.

12 − 2 = ☐
13 − 2 = ☐
14 − 3 = ☐
14 − 2 = ☐

5 Schreibe die richtigen Minusaufgaben darunter.

6

7

zu Buchseite 48

Wir wissen, wie groß die Hälfte von 14 ist. Wir wissen, wie groß das Doppelte von 7 ist.

1 a) Wie viel Geld hat Tante Christa dabei?
Es sind ☐☐ Cent.

b) Sie verteilt das Geld gerecht an ihre beiden Nichten.
Kreise ein, wie viel Cent jede bekommt.
Es sind ☐ Cent.

2 a) Trage ein, wie viel Geld Herta und wie viel Robert besitzt.

Herta: ☐☐ Cent   Robert: ☐☐ Cent

b) Wer hat mehr Geld?
Unterstreiche den richtigen Namen.

Wir können Zerlegaufgaben bis 14 lösen.

3 Male in jedes Feld 14 Bälle. Die Rechnungen sagen dir, wie viele du gelb und wie viele du blau ausmalen sollst. Ziehe Zerlegstriche.

14 = 9 + ☐   14 = 5 + ☐

4 14 = 8 + ☐   14 = 6 + ☐

5 14 = 10 + ☐   14 = 7 + ☐

6 Schreibe die richtigen Zerlegaufgaben darunter.

7

Wir können Ergänzungsaufgaben bis 14 lösen.

1 In jedem Feld sollen 14 Bälle sein. Male die fehlenden dazu.
Trage in die Rechnungen ein, wie viele gefehlt haben.

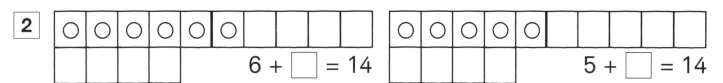

7 + ☐ = 14   8 + ☐ = 14

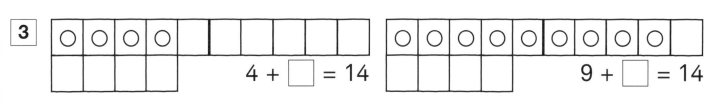

2 6 + ☐ = 14   5 + ☐ = 14

3 4 + ☐ = 14   9 + ☐ = 14

4 Löse zuerst alle Aufgaben.
Unterstreiche die passende Ergänzungsaufgabe.

10 ct + ☐ ct = 13 ct

8 ct + ☐ ct = 14 ct

10 ct + ☐ ct = 12 ct

10 ct + ☐ ct = 14 ct

5 Schreibe die richtigen Ergänzungsaufgaben darunter.

_____   _____

6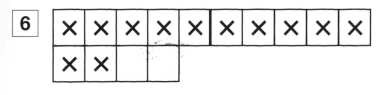

_____   _____

7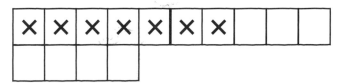

_____   _____

Wir können zu Geldbeträgen schreiben, wie viel Geld es ist.

1 Schreibe daneben, wie viele Euro es sind.

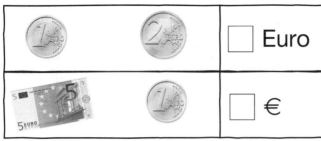
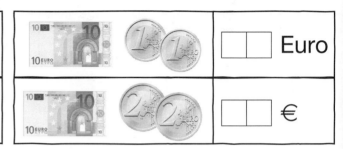

Wir können aus einer Geldmenge Beträge von 14 Euro einkreisen.

3 Kreise stets 14 Euro ein.

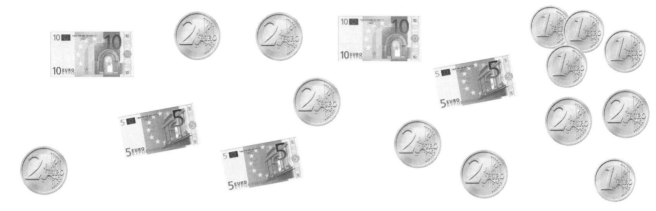

Wir können sagen, welche von zwei Geldmengen die größere und welche die kleinere ist.

4 Schreibe darunter, wie viel Geld in jedem Kästchen ist.
Kreuze an, wo mehr Geld ist.

a)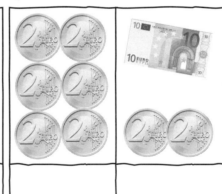

b)

c)

Wir können Geldbeträge auf 14 Euro ergänzen.

5 Friedrich will ein Buch kaufen. Es kostet 14 Euro.
Wie viel Geld muss er noch sparen? Male das fehlende Geld dazu.

zu Buchseite 52

Wir können 15 Dinge malen und die Zahl 15 dazuschreiben.

1 Male in jedes Feld 15 Bälle. Schreibe die Zahl 15 dazu.

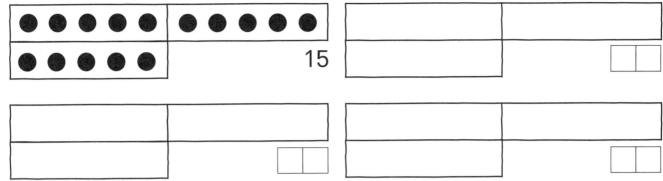

Wir können 15 Dinge nummerieren.

2 Nummeriere die Vasen. Male die 11. Vase gelb aus, die 15. blau

Wir können Plusaufgaben bis 15 lösen.

3 Male die Plättchen gelb und blau aus. Trage ein, wie viele es sind.

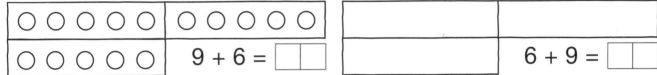

$9 + 6 =$ ☐ $6 + 9 =$ ☐

4

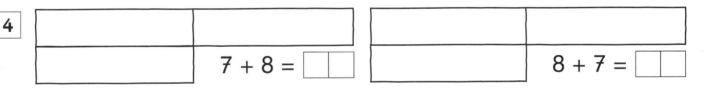

$7 + 8 =$ ☐ $8 + 7 =$ ☐

5 Schreibe die richtigen Plusaufgaben darunter.

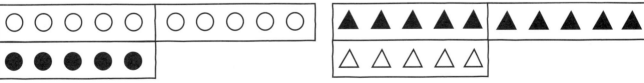

6

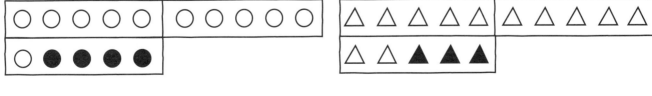

Wir können Minusaufgaben bis 15 lösen.

1 Male in jedes leere Feld 15 Plättchen. Streiche so viele weg, wie angegeben ist.
Trage ein, wie viele übrig bleiben.

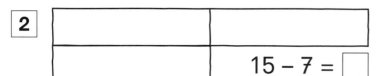

15 − 6 = ☐   15 − 9 = ☐

2

15 − 7 = ☐   15 − 8 = ☐

3

15 − 5 = ☐   15 − 10 = ☐

4 Welche Rechnung passt zur Bildergeschichte? Schreibe sie daneben.

5 Schreibe die richtigen Minusaufgaben darunter.

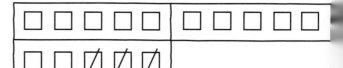

_____   _____

6

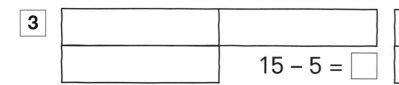

_____   _____

7

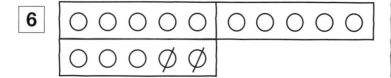

_____   _____

66   zu Buchseite 5

Wir können Zerlegaufgaben bis 15 lösen.

1 Male in jedes leere Feld 15 Bälle. Die Rechnungen sagen dir, wie viele du gelb und wie viele du blau ausmalen sollst. Ziehe Zerlegstriche.

15 = 8 + ☐   15 = 7 + ☐

2 15 = 6 + ☐   15 = 9 + ☐

3 15 = 10 + ☐   15 = 5 + ☐

Wir könnnen Ergänzungsaufgaben bis 15 lösen.

4 In jedem Feld sollen 15 Bälle sein. Male die fehlenden dazu.
Trage in die Rechnungen ein, wie viele gefehlt haben.

5 + ☐☐ = 15   6 + ☐ = 15

5 7 + ☐ = 15   8 + ☐ = 15

6 9 + ☐ = 15   10 + ☐ = 15

7 Schreibe die richtigen Ergänzungsaufgaben darunter.

_____   _____

8

_____   _____

zu den Buchseiten 56/57   67

Wir wissen, dass 5 mal 3 fünfzehn sind, dass 3 mal 5 auch fünfzehn sind.

1 Kreise rechts genauso ein. Schreibe die Malaufgabe darunter.

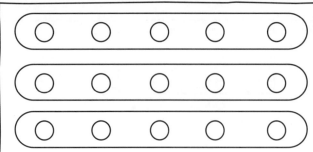

3 · 5 = 15

2

5 · 3 = ☐☐

3 Schreibe die passende Malaufgabe darunter.

4

3 + 5 = ☐	15 − 10 = ☐	10 + ☐ = 15	15 = 10 + ☐	8 + ☐ = 15
3 · 5 = ☐☐	5 + 10 = ☐☐	10 + 5 = ☐☐	15 − 10 = ☐	3 · 5 = ☐☐
2 + 5 = ☐	15 − 8 = ☐	7 + ☐ = 15	15 = 9 + ☐	15 − 4 = ☐☐
2 · 5 = ☐☐	7 + 8 = ☐☐	7 + 6 = ☐☐	15 = 7 + ☐	15 = 12 + ☐
5 + 3 = ☐	15 − 6 = ☐	6 + 9 = ☐☐	15 − 7 = ☐	5 · 3 = ☐

68   zu Buchseite 5

Wir können 16 Dinge malen und die Zahl 16 dazuschreiben.

1 Male in jedes Feld 16 Bälle. Schreibe die Zahl 16 dazu.

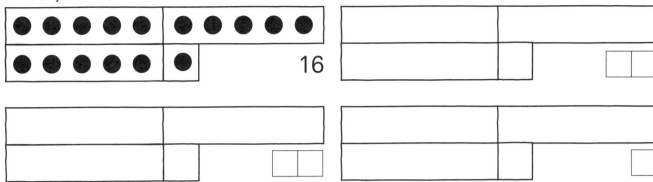

Wir können 16 Dinge nummerieren.

2 Nummeriere die Tische. Male den 12. Tisch braun aus, den 16. gelb.

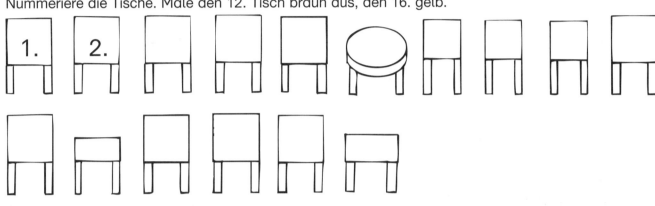

Wir können Plusaufgaben bis 16 lösen.

3 Male die Plättchen gelb und blau aus. Trage ein, wie viele es sind.

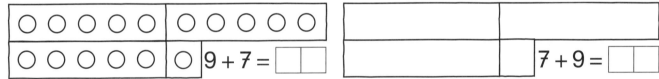

$9 + 7 =$ ☐☐ $7 + 9 =$ ☐☐

4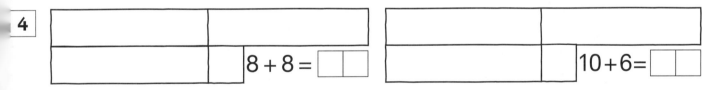

$8 + 8 =$ ☐☐ $10 + 6 =$ ☐☐

5 Schreibe die richtigen Plusaufgaben darunter.

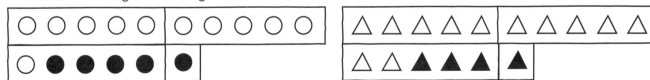

6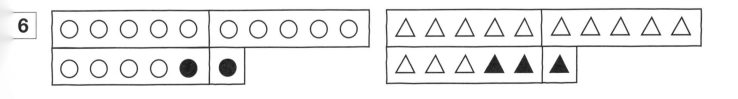

Wir können Minusaufgaben bis 16 lösen.

1 Male in jedes leere Feld 16 Bälle. Streiche so viele weg, wie angegeben ist.
Trage ein, wie viele übrig bleiben.

16 − 7 = ☐   16 − 8 = ☐

2

16 − 9 = ☐   16 − 10 = ☐

3

16 − 11 = ☐   16 − 12 = ☐

4 Welche Rechnung passt zur Bildergeschichte? Schreibe sie daneben.

5 Schreibe die richtigen Minusaufgaben darunter.

6

zu Buchseite 6

Wir können Zerlegaufgaben bis 16 lösen.

1 Male in jedes leere Feld 16 Bälle. Die Rechnungen sagen dir, wie viele du gelb und wie viele du blau ausmalen sollst. Ziehe Zerlegstriche.

16 = 9 + ☐   16 = 8 + ☐

2

16 = 7 + ☐   16 = 6 + ☐

3 Schreibe die richtigen Zerlegaufgaben darunter.

_____   _____

4

_____   _____

5 a) Wie viel Geld gibt der Vater her?

Es sind ☐☐ Cent.

b) Er verteilt das Geld an seine beiden Töchter. Kreise ein, wie viel jede bekommt.

6 a) Trage ein, wie viel Geld jedes Kind besitzt.

Kathrin: ☐☐ Cent   Benno: ☐☐ Cent

b) Wer hat weniger Geld? Unterstreiche den richtigen Namen.

Wir können Ergänzungsaufgaben bis 16 lösen.

1 In jedem Feld sollen 16 Bälle sein. Male die fehlenden dazu.
Trage in die Rechnung ein, wie viele gefehlt haben.

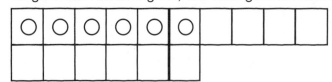

6 + ☐ = 16   7 + ☐ = 16

2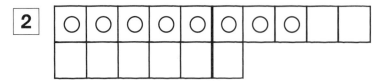

8 + ☐ = 16   9 + ☐ = 16

3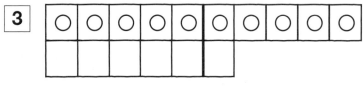

10 + ☐ = 16   11 + ☐ = 16

4 Welche Rechnung passt zur Bildergeschichte? Schreibe sie daneben.

5 Schreibe die richtigen Ergänzungsaufgaben darunter.

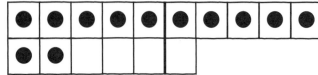

_____   _____

6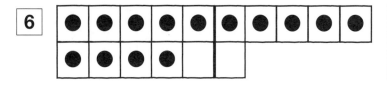

_____   _____

72   zu Buchseite 6

Wir wissen, dass 2 mal 8 sechzehn sind, dass 8 mal 2 sechzehn sind, dass 4 mal 4 sechzehn sind.

1 Kreise genauso ein. Schreibe die Malaufgaben darunter.

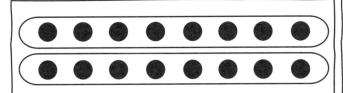

2 · 8 = 16

2

8 · 2 = ☐

3 Schreibe die passende Malaufgabe darunter.

4

4 · 4 = 16

5

2 + 8 = ☐	10 + 6 = ☐	16 − 9 = ☐	16 = 7 + ☐	8 + ☐ = 16
2 · 8 = ☐	16 − 6 = ☐	7 + 9 = ☐	16 − 7 = ☐	16 = 10 + ☐
4 · 4 = ☐	9 + 7 = ☐	10 + ☐ = 16	14 + 2 = ☐	9 + ☐ = 16
4 + 4 = ☐	16 − 7 = ☐	16 − 10 = ☐	16 − 8 = ☐	16 = 9 + ☐
1 · 8 = ☐	8 + 5 = ☐	6 + 10 = ☐	16 = 8 + ☐	7 + ☐ = 16

zu Buchseite 64

Wir können 17 Dinge malen und die Zahl 17 dazuschreiben.

1 Male in jedes leere Feld 17 Bälle. Schreibe die Zahl 17 dazu.

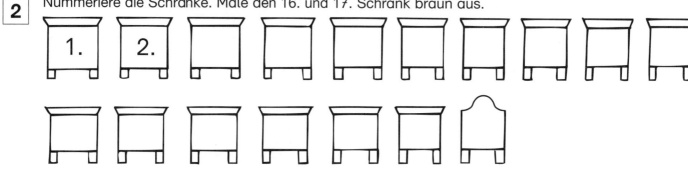

Wir können 17 Dinge nummerieren.

2 Nummeriere die Schränke. Male den 16. und 17. Schrank braun aus.

Wir können Plusaufgaben bis 17 lösen.

3 Male die Plättchen gelb und blau aus. Trage ein, wie viele es sind.

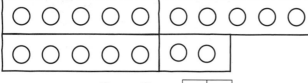

9 + 8 =

8 + 9 =

4

8 + 7 =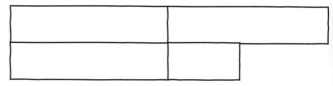

12 + 5 =

5

10 + 7 =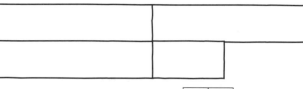

7 + 10 =

6

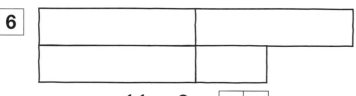

11 + 6 =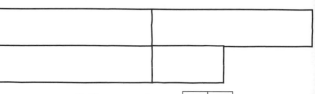

13 + 4 =

Wir können Minusaufgaben bis 17 lösen.

1 Male in jedes Feld 17 Bälle. Streiche so viele weg, wie angegeben ist.
Trage ein, wie viele übrig bleiben.

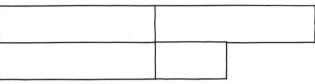

17 − 7 = ☐☐   17 − 8 = ☐

2

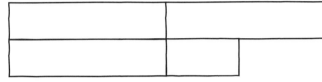 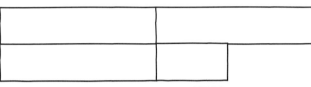

17 − 9 = ☐   17 − 10 = ☐

3

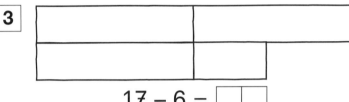 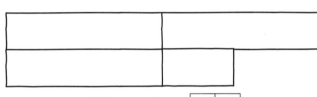

17 − 6 = ☐☐   17 − 5 = ☐☐

4 Löse zuerst alle Aufgaben.
Welche Rechnung passt zur Bildergeschichte? Unterstreiche sie.

  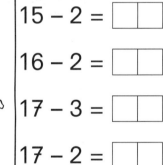

15 − 2 = ☐☐
16 − 2 = ☐☐
17 − 3 = ☐☐
17 − 2 = ☐☐

5 Schreibe die richtigen Minusaufgaben darunter.

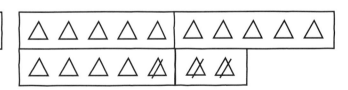

_____   _____

6

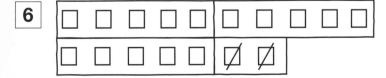

_____   _____

Wir können Zerlegaufgaben bis 17 lösen.

1 Male in jedes leere Feld 17 Bälle. Die Rechnungen sagen dir, wie viele du gelb und wie viele du blau ausmalen sollst. Ziehe Zerlegstriche.

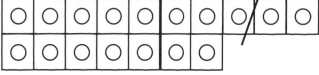

17 = 8 + ☐

17 = 12 + ☐

2

17 = 9 + ☐   17 = 13 + ☐

3

17 = 10 + ☐   17 = 14 + ☐

Wir können Ergänzungsaufgaben bis 17 lösen.

4 In jedem Feld sollen 17 Bälle sein. Male die fehlenden dazu.
Trage in die Rechnungen ein, wie viele gefehlt haben.

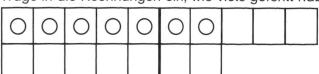

7 + ☐ = 17

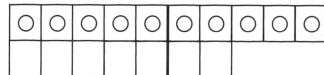

10 + ☐ = 17

5

8 + ☐ = 17   11 + ☐ = 17

6

9 + ☐ = 17   12 + ☐ = 17

7 Schreibe die richtigen Ergänzungsaufgaben darunter.

_____   _____

Wir können 18 Dinge malen und die Zahl 18 dazuschreiben.

1 Male in jedes leere Feld 18 Bälle. Schreibe die Zahl 18 dazu.

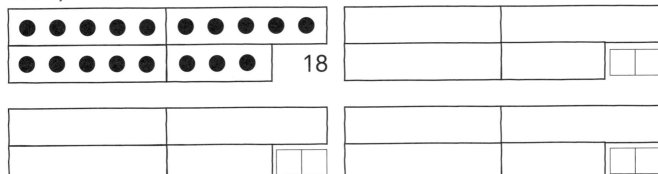

Wir können 18 Dinge nummerieren.

2 Nummeriere die Töpfe. Male den 8. und den 18. Topf rot aus.

Wir können Plusaufgaben bis 18 lösen.

3 Male die Plättchen gelb und blau aus. Trage ein, wie viele es sind.

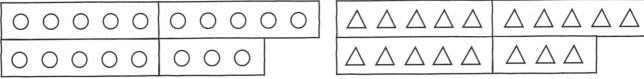

$8 + 10 = \square$ $9 + 9 = \square$

4

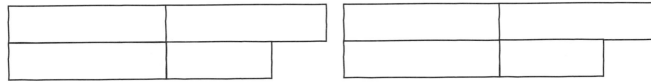

$11 + 7 = \square$ $10 + 8 = \square$

5

$12 + 6 = \square$ $7 + 9 = \square$

6

$13 + 5 = \square$ $15 + 3 = \square$

zu den Buchseiten 70/71

Wir können Minusaufgaben bis 18 lösen.

1 Male in jedes leere Feld 18 Bälle. Streiche so viele weg, wie angegeben ist.
Trage ein, wie viele übrig bleiben.

18 − 8 = ☐

18 − 9 = ☐

2

18 − 10 = ☐

18 − 7 = ☐

3

18 − 6 = ☐

18 − 5 = ☐

4 Löse zuerst alle Aufgaben.
Welche Rechnung passt zur Bildergeschichte? Unterstreiche sie.

17 − 9 = ☐

17 − 6 = ☐

18 − 5 = ☐

18 − 6 = ☐

5 Schreibe die richtigen Minusaufgaben darunter.

6

78

zu Buchseite 72

Wir können Zerlegaufgaben bis 18 lösen.

1 Male in jedes leere Feld 18 Bälle. Die Rechnungen sagen dir, wie viele du gelb und wie viele du blau ausmalen sollst. Ziehe Zerlegstriche.

18 = 9 + ☐   18 = 10 + ☐

2

18 = 8 + ☐☐   18 = 11 + ☐

3 Schreibe die richtigen Zerlegaufgaben darunter.

_____   _____

4

_____   _____

5 a) Wie viel Geld hat Oma dabei?

Es sind ☐☐ Cent.

b) Sie verteilt das Geld an ihre 3 Enkel. Kreise ein, wie viel jeder bekommt.

Es sind ☐ Cent.

6 a) Trage ein, wie viel Geld jedes Kind besitzt.

Lena: ☐☐ Cent   Mehmet: ☐☐ Cent

b) Wer hat weniger Geld?
Unterstreiche den richtigen Namen.

zu Buchseite 73

Wir können Ergänzungsaufgaben bis 18 lösen.

1 In jedem Feld sollen 18 Bälle sein. Male die fehlenden dazu.
Trage in die Rechnungen ein, wie viele gefehlt haben.

8 + ☐ = 18   9 + ☐ = 18

2

10 + ☐ = 18   11 + ☐ = 18

3

12 + ☐ = 18   13 + ☐ = 18

4 Welche Rechnung passt zur Bildergeschichte? Schreibe sie daneben.

5 Schreibe die richtigen Ergänzungsaufgaben darunter.

6

7

80   zu Buchseite 74

Wir wissen, dass 6 mal 3 achtzehn, dass 3 mal 6 auch achtzehn sind.

1 Kreise rechts genauso ein. Schreibe die Malaufgabe dazu.

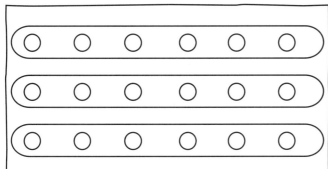

$3 \cdot 6 = 18$

2

$6 \cdot 3 = \square\square$

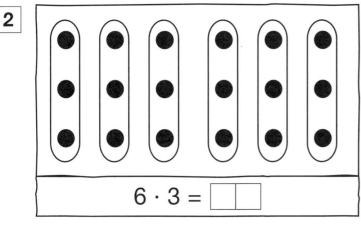
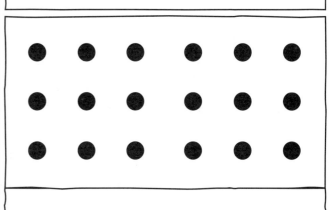

3 Schreibe die passende Malaufgabe dazu.

4 Zeige zuerst, wo die Malaufgaben stehen.

$3 \cdot 6 =$	$15 - 6 =$	$15 - 4 =$	$3 \cdot 5 =$	$2 \cdot 5 =$
$3 + 6 =$	$10 + 5 =$	$8 + 7 =$	$4 + 7 =$	$4 \cdot 4 =$
$2 \cdot 5 =$	$15 - 7 =$	$15 - 3 =$	$2 \cdot 6 =$	$14 - 6 =$
$2 + 5 =$	$11 + 4 =$	$6 + 7 =$	$3 + 8 =$	$2 \cdot 8 =$
$6 \cdot 3 =$	$15 - 8 =$	$15 - 2 =$	$2 + 9 =$	$7 + 4 =$
$6 + 3 =$	$12 + 3 =$	$3 + 9 =$	$5 \cdot 2 =$	$5 \cdot 3 =$

zu Buchseite 75

Wir können 19 Dinge malen und die Zahl 19 dazuschreiben.

1 Male in jedes leere Feld 19 Bälle. Schreibe die Zahl dazu.

Wir können 19 Dinge nummerieren.

2 Nummeriere die Rohre. Male das 9. und das 19. Rohr rot aus.

Wir können Plusaufgaben bis 19 lösen.

3 2 Aufgaben passen immer zusammen. Kreise sie mit der gleichen Farbe ein.

1 + 8 =   3 + 6 =   7 + 2 =

3 + 4 =   11 + 8 =   15 + 4 =

2 + 7 =   2 + 4 =   13 + 4 =

13 + 6 =   5 + 4 =   17 + 2 =

12 + 4 =   6 + 3 =   18 + 1 =

16 + 3 =   8 + 1 =   14 + 5 =

4 + 5 =   12 + 7 =

82   zu den Buchseiten 76/7

Wir können Minusaufgaben bis 19 lösen.

1 Male in jedes leere Feld 19 Bälle. Streiche so viele weg, wie angegeben ist.
Trage ein, wie viele übrig bleiben.

19 − 9 = ☐☐   19 − 10 = ☐

2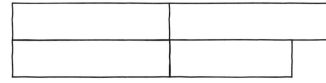

19 − 8 = ☐☐   19 − 7 = ☐☐

3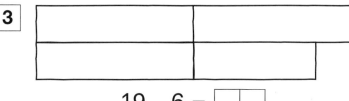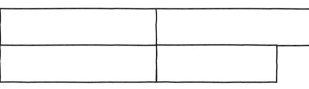

19 − 6 = ☐☐   19 − 5 = ☐☐

4 Löse zuerst die Aufgaben.
Welche Rechnung passt zur Bildergeschichte? Unterstreiche sie.

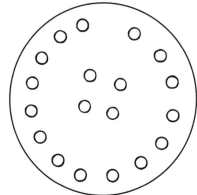 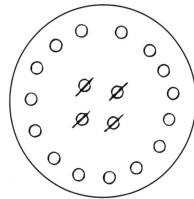

17 − 4 = ☐☐
18 − 4 = ☐☐
19 − 4 = ☐☐
19 − 3 = ☐☐

5 Schreibe die richtigen Minusaufgaben darunter.

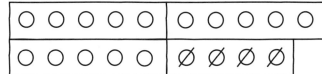

_____   _____

6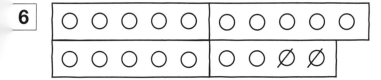

_____   _____

Wir können Zerlegaufgaben bis 19 lösen.

1 Male in jedes leere Feld 19 Bälle. Die Rechnungen sagen dir, wie viele du gelb und wie viele du blau ausmalen sollst. Ziehe Zerlegstriche.

19 = 9 + ☐☐   19 = 10 + ☐

2

19 = 11 + ☐   19 = 12 + ☐

3

19 = 13 + ☐   19 = 14 + ☐

Wir können Ergänzungsaufgaben bis 19 lösen.

4 In jedem Feld sollen 19 Bälle sein. Male die fehlenden dazu.
Trage in die Rechnungen ein, wie viele gefehlt haben.

9 + ☐☐ = 19   12 + ☐ = 19

5

10 + ☐ = 19   13 + ☐ = 19

6

11 + ☐ = 19   14 + ☐ = 19

7 Schreibe die richtigen Ergänzungsaufgaben darunter.

_____   _____

zu den Buchseiten 79/80

Wir können 20 Dinge malen und die Zahl 20 dazuschreiben.

1 Male in jedes Feld 20 Bälle. Schreibe die Zahl 20 dazu.

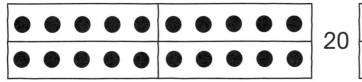

Wir können 20 Dinge nummerieren.

2 Nummeriere die Fässer. Streiche das 10. und das 20. Fass durch.

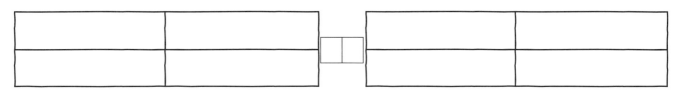

Wir können Plusaufgaben bis 20 lösen.

3 Male die Plättchen rot und blau aus. Trage ein, wie viele es sind.

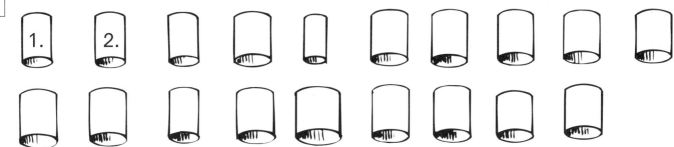

10 + 10 = ☐☐   11 + 9 = ☐☐

4
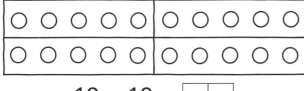   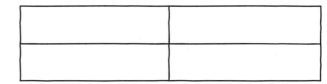

8 + 7 = ☐☐   12 + 8 = ☐☐

5
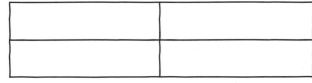   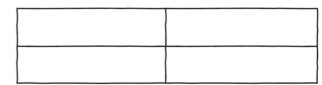

13 + 7 = ☐☐   14 + 6 = ☐☐

6
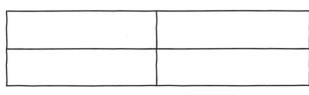   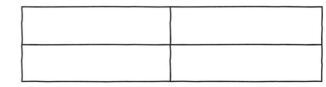

15 + 5 = ☐☐   16 + 4 = ☐☐

zu den Buchseiten 81/82

Wir können Minusaufgaben bis 20 lösen.

1 Male in jedes Feld 20 Bälle. Streiche so viele weg, wie angegeben ist.
Trage ein, wie viele übrig bleiben.

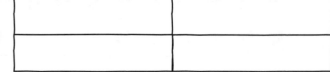

20 − 10 = ☐☐   20 − 9 = ☐☐

2

20 − 8 = ☐☐   20 − 7 = ☐☐

3

20 − 6 = ☐☐   20 − 5 = ☐☐

4 Löse zuerst die Aufgaben.
Welche Rechnung passt zur Bildergeschichte? Unterstreiche sie.

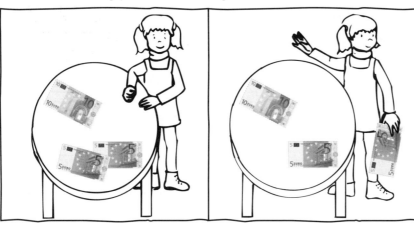

20 € − 5 € = ☐☐ €

20 € − 4 € = ☐☐ €

19 € − 5 € = ☐☐ €

19 € − 4 € = ☐☐ €

5 Schreibe die richtigen Minusaufgaben darunter.

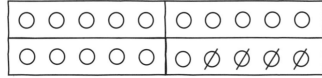   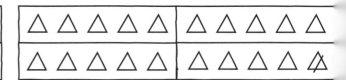

_____   _____

6

_____   _____

zu Buchseite 8

Wir können Zerlegaufgaben bis 20 lösen.

1 Male in jedes leere Feld 20 Bälle. Die Rechnungen sagen dir, wie viele du gelb und wie viele du blau ausmalen sollst. Ziehe Zerlegstriche.

20 = 12 + ☐   20 = 11 + ☐

2

20 = 10 + ☐☐   20 = 13 + ☐

3 Schreibe die richtigen Zerlegaufgaben darunter.

4

5 a) Wie viel Geld hat Opa dabei?

Es sind ☐☐ Euro.

b) Er verteilt an seine beiden Enkel gleich viel Geld.

Jeder erhält ☐ Euro.

6 a) Trage ein, wie viel Geld jedes Kind besitzt.

b) Wer hat mehr Geld?
Unterstreiche den richtigen Namen.

Laura: ☐☐ Euro   Patrick: ☐☐ Euro

u Buchseite 85

Wir können Ergänzungsaufgaben bis 20 lösen.

1 In jedem Feld sollen 20 Bälle sein. Male die fehlenden dazu.
Trage in die Rechnungen ein, wie viele gefehlt haben.

10 + ☐ = 20   11 + ☐ = 20

2

12 + ☐ = 20   13 + ☐ = 20

3

14 + ☐ = 20   15 + ☐ = 20

4 Streiche links das Geld weg und male es zu den Kindern. Jedes Kind bekommt gleich viel.
Schreibe darunter, wie viel Euro verteilt werden, wie viel jeder erhält.

☐ Euro   ☐ Euro   ☐ Euro   ☐ Euro   ☐ Euro

5 Schreibe die richtigen Ergänzungsaufgaben darunter.

_____

6

_____

zu Buchseite 8

Wir wissen, dass 10 mal 2 zwanzig ist, dass 2 mal 10 zwanzig ist, dass 5 mal 4 zwanzig ist, dass 4 mal 5 zwanzig ist.

1 Kreise genauso ein. Schreibe die Malaufgabe dazu.

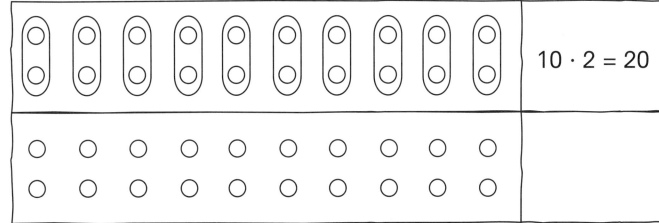

$10 \cdot 2 = 20$

2

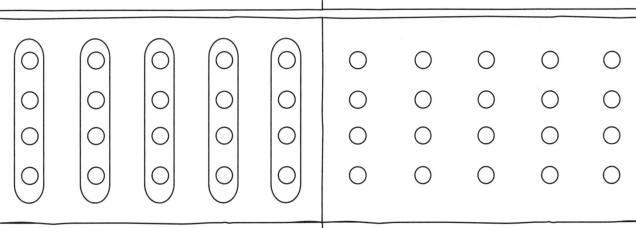

$2 \cdot 10 = 20$

3

$5 \cdot 4 = 20$

4

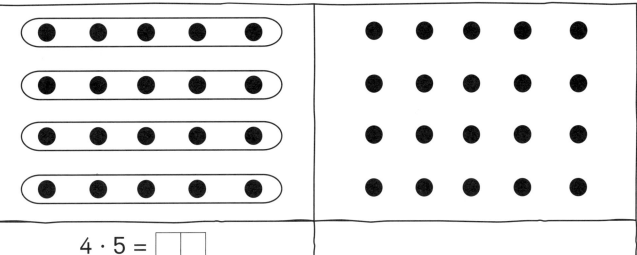

$4 \cdot 5 = \boxed{}$

Wir können Viereck – Dreieck – Kreis unterscheiden.

1 Male die Vierecke rot aus, die Dreiecke gelb, die Kreise blau.

Wir können große – kleine Flächen unterscheiden.

2 Male nur die kleinen Plättchen aus.

Wir können aus mehreren Plättchen das größte und das kleinste erkennen.

3 Male das größte Plättchen gelb aus, das kleinste rot.
Nummeriere sie. Das größte Plättchen erhält die Nummer 1.

4

5

zu Buchseite 89

Wir können Formen in bestimmten Lagen malen.

1 Male in das obere Feld 1 rundes Plättchen, in das untere Feld 2 eckige.

Male in das mittlere Feld 2 dreieckige Plättchen, in das linke Feld 1 rundes, in das rechte Feld 1 viereckiges.

2 Male in das Feld 2 viereckige Plättchen, auf den Rand 2 runde, außen 1 dreieckiges.

Male 3 dreieckige Plättchen weit auseinander, 2 runde dicht nebeneinander.

3 Male zwischen die runden Plättchen viereckige.

4 Male in jedes rechte Feld ein Plättchen. Es soll an der gleichen Stelle sein wie das Plättchen im linken Feld.

A   B   C   D

5 Male in das obere und untere Feld einen Ball. Jeder der Bälle soll an der gleichen Stelle liegen.

A   B   C   D

zu Buchseite 91

Wir können Muster richtig ausmalen.

1 Male aus. Verwende nur einen Stift.

2

3 Male aus. Verwende einen roten und einen grünen Stift.

4

Wir können Muster fortsetzen.

5 Male die Muster weiter. Verwende einen gelben und einen blauen Stift.

6

7

Wir können Muster selbst erfinden.

8 Verwende einen roten und einen gelben Stift.

9 Verwende einen roten, einen gelben und einen blauen Stift.

Wir können Muster größengleich übertragen.

1 Male in die rechten Felder die gleichen Muster.

Wir können zusammengesetzte Flächen übertragen.

1 Zeichne das Lastauto genauso groß in das rechte Feld.

2 Zeichne das Personenauto genauso groß in das rechte Feld.

Wir können zusammengesetzte Flächen um 2 Kästchen breiter übertragen.

3 Zeichne den Tisch in das linke Feld. Male ihn 2 Kästchen länger.

Wir können zusammengesetzte Flächen um 1 Kästchen höher übertragen.

4 Zeichne das Haus in das linke Feld. Male das Dach ein Kästchen höher.

zu Buchseite 9

Wir können zusammengesetzte Flächen nachlegen und sagen, aus welchen Teilen sie sich zusammensetzen.

1 Aus welchen Teilen setzen sich die Figuren zusammen?
Male gleiche Flächen mit derselben Farbe aus.
Lege die Figuren. Lass dir die Formen aus dem Buch kopieren.

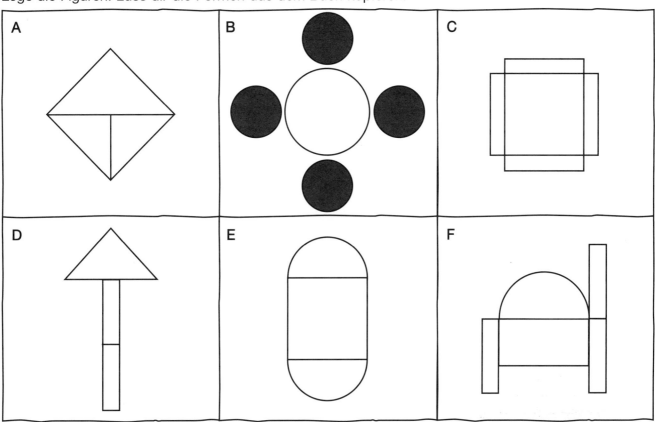

Wir können Unterschiede an 2 zusammengesetzten Flächen erkennen.

2 Welche Flächen sind rechts dazugekommen? Male sie gelb aus.
Lege zuerst die linke Figur, dann die rechte.
Male links dazu, was fehlt.

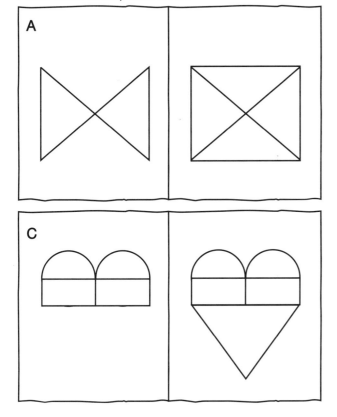
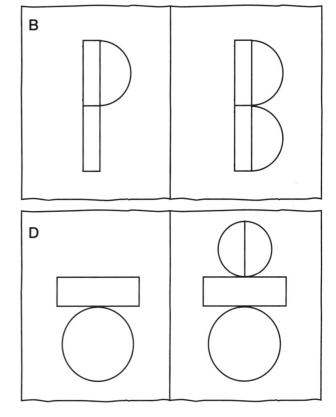

zu Buchseite 95

INHALT	Schul-buch	Arbeits-heft
Numerischer Teil		
Der Zahlenraum 7 bis 10	4	3
Rechnen mit Cent	10	15
Das Malzeichen	27	45
Der Zahlenraum 11 bis 20	28	46
Rechnen mit Euro	52	64
Raumkundlicher Teil		
Viereck, Dreieck, Kreis unterscheiden	89	90
Die Lage von Gegenständen	91	91
Muster nachlegen	92	92
Muster übertragen	93	93
Zusammengesetzte Flächen übertragen	94	94
Zusammengesetzte Flächen nachlegen	95	95